Ebeveynlik bazen o kadar zorlaşır ki,
aklımızı kaybettiğimizi düşünürüz.
Oysa kaybettiğimiz bir 'aklımız' yoktur;
keşfettiğimiz bir 'kalbimiz' vardır.
Çünkü çocuklar akla değil, kalbe dokunurlar...

Kalbimin orta yerine dokunan Enes ve Eymen'e...

HATİCE KÜBRA TONGAR

Bağırmayan Anneler

Bağırıp Çağırmadan
Çocuk Büyütme Teknikleri

Hayykitap - 401
Mutlu Aile - 25

Bağırmayan Anneler
Hatice Kübra Tongar

Kapak Tasarımı: Latif Çetinkaya
Sayfa Tasarımı: Turgut Kasay

ISBN: 978-975-2477-11-7
1. Baskı: İstanbul, Nisan 2017
21. Baskı : İstanbul, Aralık 2018

Baskı: Yıkılmazlar Basım Yay.
Prom. ve Kağıt San. Tic. Ltd. Şti.
Evren Mah. Gülbahar Cad. No: 62/C
Güneşli - İstanbul
Sertifika No: 11965
Tel: 0212 630 64 73

Hayykitap
Zeytinoğlu Cad. Şehit Erdoğan İban Sk.
No: 36 Akatlar, Beşiktaş 34335 İstanbul
Tel: 0212 352 00 50 Faks: 0212 352 00 51
info@hayykitap.com
www.hayykitap.com
facebook.com/hayykitap
twitter.com/hayykitap
instagram.com/hayykitap
Sertifika No: 12408

HATİCE KÜBRA TONGAR

Bağırmayan Anneler

Bağırıp Çağırmadan
Çocuk Büyütme Teknikleri

Hatice Kübra Tongar
kubratongar@gmail.com
facebook.com/BagirmayanAnneler
twitter.com/KubraTongar
instagram.com/haticekubratongar

Orta öğretimine Kadıköy Anadolu İmam Hatip Lisesi Süper Lise Bölümü'nde başlayan Hatice Kübra Tongar, başörtüsü problemi nedeniyle okulu bırakıp, imam hatip eğitimini açık öğretim lisesinde tamamladı. Anadolu Üniversitesi Sosyoloji Bölümü'nü Onur Derecesi ile bitirdi. Lisans süresince dalının uzmanı eğitimcilerden çocuk gelişimi ve eğitimi dersleri aldı. Bezm-i Âlem Vakıf Üniversitesi Aile Danışmanlığı Bölümü'nde eğitim gördü. Deneyimsel Oyun Terapisi, Theraplay Oyun Terapisi, Projektif Çocuk Testleri, Kısa Süreli Çözüm Odaklı Terapi gibi pek çok terapistlik eğitimi aldı. Tongar, Arel Üniversitesi Psikoloji Yüksek Lisans eğitimini sürdürmektedir.

Yazı yazmak, ilkokul yıllarında başlayan kompozisyonlarla birlikte hep hayatında oldu. Makaleleri çeşitli dergilerde yayınlandı. Milat Gazetesinde haftalık köşe yazarlığı yaptı. Çocuğa dair birçok projenin metin yazarlığını yürüttü. Türkiye'nin ilk interaktif çocuk CD projelerinden olan Muallim Çocuk'un metinlerini yazdı. Ulusal radyo ve televizyon kanallarında pek çok çocuk eğitimi programı hazırlayıp sundu.

Diğer yayınevlerinden 2009 yılında *Minik Bebeğime Afiyetle* isimli kitabı, 2011 yılında 10 kitaptan oluşan *Masal İstediğin Gibi Bitsin* seti, 2013 yılında 0-1 yaş bebek bakımını anlatan *Anneciğim Beni Tanıyor musun?* isimli kitabı, 2014 yılında 1-5 yaş çocuğunun gelişimini kaleme aldığı *Anneciğim Ben Büyüyorum* isimli eseri yayımlandı.

Kısa sürede milyonlarca kişiye ulaşan 'Bağırmayan Anneler' sosyal medya hesabında annelere ulaşan yazarımız, Türkiye'nin dört bir yanında gerçekleştirdiği Bağırmayan Anneler seminerleriyle de ailelerle buluşmaya devam ediyor. Ve her daim 'eş' ve 'annelik' rollerini layığıyla yerine getirme duasını sürdürüyor...

Hayykitap'tan yayımlanan kitapları:
Bağırmayan Anneler, Nisan 2017
İlk 12 Ayda Bebeğin Gelişimi Beslenmesi Oyunları, Şubat 2017
1-5 Yaş Çocuğunun Gelişimi Beslenmesi Oyunları, Şubat 2017
Çocuk Eğitiminde 100 Mucize Çözüm, Ekim 2016
450 Soruda Anadolu Ekolüyle Gebelik ve Annelik (çok yazarlı), Ekim 2016
150 Soruda Fıtrata Uygun Çocuk Yetiştirmek (çok yazarlı), Ekim 2016
Allah'ı Arayan Çocuk, Ekim 2016
Ben Ne Biliim?, Şubat 2016
Başımın Üstünde Yerin Var, Ekim 2015
Fıtrat Pedagojisi 2: Peygamberlerin Çocuk Eğitim Metotları, Ekim 2015
Fıtrat Pedagojisi, Şubat 2015

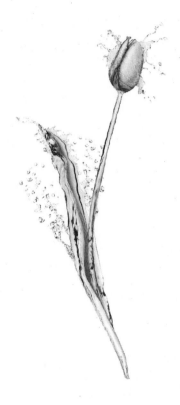

Yıllar sonra hiç kimse evimizin kirli olup olmadığından bahsetmeyecek ama bugün kalplerini temizlediğimiz çocuklar yıllar boyu anılacak işler yapacaklar.

İçindekiler

Bir annenin gücüyle çocuğunu eziyor olması,
'gücüyle seni ezen herkese boyun eğ' öğretisinden
başka bir şey değildir.

Minnettarım...

Bu kitabı yazarken kâh çocukluğuma dönüp ip atlayan, lastik oynayan küçük kız çocuğunun başını okşadım, kâh anneliğime yolculuk yapıp çocuklarımın sırtını sıvazladım. 30 küsur yıllık hayatımın her anına dokuna dokuna, içimde bazen bağıran, bazen ağlayan, bazen gülümseyen, bazen kuytulara saklanan anneliğimin bugününü dokudum.

Dokudukça kendimi okudum...

Okudukça kendimden taştım, sizlere ulaştım...

Bağırmayan anneliğin bir ütopya, tatlı bir hayal olmadığını bağıra çağıra haykırmak istedim. Neden bağırdığımızı, öfkemizi, kırgınlıklarımızı, kızgınlıklarımızı oturup konuşalım ki, sükûnetli anneliğin yollarını beraberce keşfedelim niyetine girdim. Benim anneliğime fısıldayan hakikatler, belki sizlerin annelik yolculuğuna da yoldaş olur, belki yaralarınıza merhem olur, belki düştüğünüz yerlerde elinizden tutup kaldıran olur dileğini azığım eyledim ve bir sosyal medya hesabı aracılığıyla milyonlarca, bir atölye programıyla binlerce annenin yüreğine misafir olan 'Bağırmayan Annelik' duasını, bu kitapta sizlerin yüreğine de emanet ettim.

Her zaman söylerim, Bağırmayan anne olmak bir 'durağın' değil, bir 'yolculuğun' adıdır diye... Benim annelik yolculuğuma eşlik edenler de, benim hikâyemin kahramanları oldular elbette...

Önce annem ve babam... Hayat boyu çektikleri tüm sıkıntılara, tüm yokluk ve zorluklara rağmen her zaman sapasağlam arkamda duruşunuz, desteğiniz, duanız ve yoldaşlığınız olmasaydı bugünleri görmem mümkün değildi. Varlığınıza minnettarım...

Sevgili eşim, ruh ikizim, kıymetlim... "Bir anne 'bağırmamaya' niyet ediyorsa eğer, yanında ona huzur ve mutluluk armağan eden bir eşi olduğu içindir" diyebilmemin yegâne sebebi. Yazarlığımı keşfeden, yazmaya yüreklendiren, yazabilmem için çocukları parka götüren hayat arkadaşım. Senin desteğin olmadan bu satırları yazmam mümkün olmazdı. Varlığına minnettarım...

Çocuklarım... Göz bebeklerim, annelik duygusunu yüreğimin ortasına, burnumun direğine iliştirenlerim... Enes'im ve Eymen'im... Henüz küçüksünüz, bu yüzden belki de bu satırlar sizin için çok anlam ifade etmeyecek. Duam odur ki, büyüyüp bu kitabı okuduğunuzda veya bir yerlerde beni hatırlatacak bir şarkı, bir ses ya da koku duyduğunuzda içinize akan duygu huzur ve mutluluk olsun. 'Anne' denildiğinde içinizde hep güzel anılar coşsun. Siz olmasaydınız bugün olduğum kişi olmam mümkün değildi. Varlığınıza minnettarım...

Yolculuğumun duraklarına misafir olmuş dostlarım, mesai arkadaşlarım, yayınevim, sosyal medya takipçilerim... Her biriniz benim hayat yap-bozumun bir parçasısınız. Siz olmasaydınız bu resim eksik kalırdı, varlığınıza minnettarım...

Ve Rabbim...

Güzel olan her şeyi yaratıp benim elimle kötü olan şeylerden bile bir hikmet devşiren Rahman-ı Rahim. Her seminerde annelere söylediğim bir şey var. Diyorum ki, "Çocuklar bize birer emanettir ve emaneti veren, emanetine ne yaptığımızdan muhakkak sorguya çekecektir. Mükemmel olmamız mümkün değil ama —karınca misali— ateşi söndüremiyorsak bile en azından su taşımaya gayret etmeli, çocuklarımızı emanetçilik bilinciyle yetiştirmeliyiz."

Bu kitap, bir anne olarak önce benim, sonrasında okuyan ve 'bağırmayan anne' olmaya niyet eden tüm annelerin, bize verdiğin evlat nimetine hakkıyla emanetçi olabilme duamızın bir nişanesidir.

Şahit ol Ya Rab...

Şahit ol Ya Rab...

Şahit ol Ya Rab...

Hatice Kübra Tongar
Enes ve Eymen'in Annesi...

Bağırmayan anne olmak demek;
hiç kızmamak, her şeyi alttan almak,
çocuğumuza sınır koymamak demek değildir.
Öfkelendiğimizde bunu insani yollarla
ifade etmek demektir.

Anneniz size bağırır ya da döver miydi?

Yıllardır süregelen Bağırmayan Anneler Atölyesi'nde konu şiddete, cezaya, bağırıp çağırma davranışına gelince annelere muhakkak sorarım: *"Siz küçükken bir kuralı çiğnediğinizde, söz dinlemediğinizde, ödevlerinizi ihmal ettiğiniz ya da kardeşinizle çekiştiğinizde anneniz ne yapardı?"*

Sınıfta birkaç saniye sessizlik olur, sonra benzer cevaplar gelir:

"Bağırırdı!"

"Terlik fırlatırdı."

"Sakar, yaramaz, beceriksiz, salak, aptal gibi kelimeler işitirdim."

"Oyun oynama ya da televizyon izleme yasağı verirdi."

"Tokat atardı."

20'li, 30'lu, hatta 40'lı yaşlara gelmiş anneler bu cümleleri kurarken genellikle gözleri dolar, yüzleri düşer, tebessümlerinin yerini acı bir suskunluk hali alır.

Benim küçüklüğümde çocukları dövmek, hakaret etmek, bağırmak 'normal' kabul edilen bir ebeveynlik davranışıydı. Aileler çocuklarına bu davranışlarda bulunduklarında, şimdinin annelerinin yaşadığı pişmanlık, vicdan azabı ya da hatayı telafi etmek gibi duygular yaşamazlardı çünkü o dönem, 'kızını dövmeyen dizini döver', 'dayak cennetten çıkmadır' dönemiydi. Öyle öğrenmişlerdi. Çocuk hata yaptığında ceza verilmeliydi, hatta ceza ne kadar büyük olursa o kadar iyiydi. Mesela çocuğu dövmek demek, "bak bu davranışın çok yanlış, o kadar ki seni dövüyorum, canını yakıyorum ki bir daha yapmayasın" demekti.

İşin ironik kısmı, şimdi bu satırları yazarken geçmişe dönüp baktığımda, annemin ya da babamın beni dövdüğü, bağırıp çağırdığı, aşağılanmış hissettirdiği anları gözlerim dolarak hatırlıyor olmama rağmen, neden yaptıklarını —yani vermek istedikleri dersi— hatırlamıyor olmam. Eminim sizler de belli şeyler hissediyorsunuzdur: Ebeveynin vermek istediği ders unutuldu gitti. Geriye sadece yenilen dayakların ve işitilen azarların soğuk anıları kaldı.

Tabii anne-babalarımız bu davranışları kötülük olsun diye yapmadılar. Amaçları bizi disipline etmekti, iyiye yönlendirmekti. Tek yaptıkları hata, bu iyi niyeti hayatlarına geçirirken kullandıkları yöntemleri sorgulamamış olmalarıydı. Kendi anne-babalarından gördükleri gibi davranmayı seçtiler ve belli noktalarda bu yüzden yanıldılar. Aynı bugünün ebeveyni olarak bizlerin, "Ne yapayım, sinirlendiğimde gözüm dönüyor, vuruyorum kırıyorum, sonra da vicdan azabı çekiyorum, öfke anında aynı anneme dönüşüyorum" dediğimiz anlarda yanıldığımız gibi...

Oysa bir şeyin uzun zamandır öyle yapılıyor olması, onun doğru yöntem olduğu anlamına gelmez. Aynı Elizabeth Pantley'in hikâyesinde olduğu gibi:

Anne mutfakta börek yapmakta, kızı da onu izlemektedir. Kız merakla sorar:

"Anne, neden yufkayı tepsiye koymadan önce kenarlarından iki parmak kesiyorsun?"

Annesi, "bilmem ki," der, "annem öyle yapardı..."

Kız anneannesini arar ve aynı soruyu sorar:

"Anneanne neden börek yaparken yufkayı tepsiye koymadan önce ke-

narlarından iki parmak kesiyorsun?"

O da aynı cevabı verir:

"Annem öyle yapardı..."

Kız büyük ninesini arar ve ona da yufkanın kenarlarından neden kestiğini sorar.

Nine cevap verir:

"Çünkü fırın tepsime o şekilde sığıyor!"

Bu örnek bize Hz. Ali'nin şu müthiş sözünü hatırlatır: "Çocuklarınızı kendi zamanınızın öğretilerine göre değil, içine doğdukları zamanın gerçeklerine göre yetiştirin." Yüce Mevla'nın, "Atalarınızın dininde ısrarcı olmayın. Ya onlar yanlış biliyorlarsa?" uyarısında bize miras kalan mesaj da aynıdır aslında: Yaptığın davranışın farkında ol, sebeplerini ve sonuçlarını düşün. Sırf annenin öyle yapmış olması o davranışı doğru kılmaz!

Bu bağlamda bugünün ebeveyni olarak çocuklarımıza karşı olan davranışlarımızı gözden geçirmeli, bu davranış bize yapılmış olsa nasıl hissederdik diye empati kurmalı ve özellikle sırf alışkanlıktan uyguluyor olabileceğimiz yıkıcı uygulamaları kontrol etmeyi öğrenmeliyiz. Ebeveyn olmanın 'çocuğu dünyaya getirmek'ten fazlası olduğu bilinciyle, doğru tutumlara ulaşma gayretimizi bir hayat tarzı olarak sürdürmeliyiz.

Bu cümle bize zor ve zahmetli geliyorsa, şunu düşünelim: Aslında hayatımızda bir beceriyi kazanmak ya da bir konuda ehil olmak için gözü kapalı pek çok eğitim alıyoruz. Araba kullanmak için ehliyet, meslek sahibi olmak için diploma, pasta yapmayı öğrenmek için bile kurslara gidip sertifika alıyoruz. Lakin şu hayatta üstlendiğimiz en önemli ve ciddi iş 'annelik' olmasına rağmen, bu konuda gayret göstermeye, okumaya, öğrenmeye 'zahmet' gözüyle bakabiliyoruz. Oysa günümüzde bilgiye ulaşmak, bilge insanlardan faydalanmak, okumak, araştırmak çok kolay. Pek çok uzmanın yazdığı kitaplar, verdiği eğitimler, yayımladığı makaleler var. Yeter ki biz anneler üzerimizdeki ataleti silkeleyelim ve daha doğru bir ebeveynlik duruşu için her daim gayret göstermeye niyet edelim. Gerisi kendiliğinden gelecek zaten...

Çocuğumuz küçükken ona bağırıp,
korkutarak dediğimizi yaptırabiliriz.
Peki ya bizden korkmadığı yaşlara geldiğinde,
o zaman ne yapacağız?

Birinci Bölüm

Neden Bağırıyoruz?

İşaret parmağını çocuğuna yöneltip
bağıran bir anne çocuğunu terbiye etmiyordur;
aksine içinde kök salacak suçluluk duygusunun
ilk tohumlarını ekiyordur.

Çocuklarımıza neden bağırıyoruz?

İnsanın canını sıkan, kızdıran, öfkesini ayağa kaldıran şeyler olaylar ya da kişiler değil, o olaya ya da kişiye dair zihnimizde oluşturduğumuz kodlamalardır. Yani *bakış açımızdır.* Yağmurun kimine göre 'rahmet', kimine göre 'zahmet' olmasının nedeni budur. Nitekim yağmur aynı yağmur olmasına karşın biri dışarı bakar ve "off şimdi trafik sıkışacak, çocuklar okula giderken ıslanacak, her yer çamur olacak, nereden çıktı şimdi bu" der. Bir diğeri içinse aynı manzara "çok şükür 'rahmet' yağıyor, barajlar doluyor, toprak bereketleniyor, çocuklar okuldan gelsin de bahçeye inip ıslanalım, su birikintilerinde yaprak yüzdürelim" olarak yorumlanabilir. Hayattaki her olay böyledir. En uç noktada 'ölüm' bile, kimini darmadağın ederken, bir diğeri için "şehadet makamına kavuştu" cümlesiyle algılanıp şükür sebebi bile olabilir.

Konu çocuklarımız olunca da durum aynıdır. Canımızı sıkan, bizi kızdıran, öfke girdaplarına sokan şey çocuğumuz değil, onun davranışlarına dair zihnimizde oluşturduğumuz bakış açısıdır. Kimine göre 'baş tacı' olan çocuğun beriki evde 'baş belası' olarak muamele görmesinin temel nedeni budur.

İşin iç yüzüne baktığımızda, aslında bizler şefkatli, çocuğuyla uyum içinde olmayı önemseyen ve –eğer mümkünse– bağırıp çağırmadan ebeveynlik yapmak isteyen anneleriz. Ama 'bakış açısı' dediğimiz kavram –âdeta at gözlüğü takmışız gibi– bizi doğruyu, masumu, olaylardaki haklı sebepleri ve duyguları görmekten geri tutar ve içimizde saldırmayı bekleyen *anne canavarını* harekete geçirir. Bilirsiniz o canavarı; eli belinde, terlik fırlatan, gözünden alevler saçan, "ben sana demedim mi"lerle, "şimdi gelirsem oraya"larla, "3'e kadar sayıyorum bak"larla çocuğuna saldıran o meşhur canavar...

Peki, ne oluyor da çocuğunun parmağına iğne batsa içi acıyan anneler olarak böylesi saldırgan bir canavara dönüşüyoruz? İşte düzeltmemiz gereken bakış açılarımız:

1. Çocuğun başını küçükken ezmezsem büyüdüğünde baş edemem

2 yaşında, bir oyuncak istediği için bağırıp çağıran, kendini yerlere atan, annesine yumruklar savuran çılgın bir çocuk gördüğümüzde aklımıza gelen ilk düşünce şu olur: "Eyvah! Bu çocuğa şimdi söz geçiremiyorsam büyüdüğünde nasıl baş ederim?"

Bu düşüncede iki temel yanlış algı vardır. İlki, çocuğumuzla 'baş etmemiz' gerektiğini düşünüyor olmamızdır. Bu algı zihni bir savaş ortamına sokar, çocuğumuzla iletişimimizi çatışmaya dönüştürür. Öyle ya, 'baş etmek' için güç kullanmak gerekir, karşındaki kişiyle çatışmak, onu alt etmek gerekir. Bu düşünce evladımızla aramızda bir 'rakip' ruhu oluşturur. Böylece asıl olması murat edilen 'ekip' ruhu daha kurulamadan yıkılmış olur.

Ekip ruhu dediğimiz şey, çocuğumuza emniyet hissi vermekten ötesi değildir aslında. Hem dilimizle, hem halimizle şu mesajı vermeyi içerir: *"Biz seninle aynı gemideyiz. Sen üzülürsen ben de üzülürüm, sen zarar görürsen ben de zarar görürüm. Bu yüzden hayatın doğru kuralla-*

rını ve doğru davranışlarını öğretirken seni kırıp dökerek, eğip bükerek değil, senin ruhunu okuyarak, seni anlamaya çalışarak bunu yaparım çünkü seni seviyorum."

Ekip ruhu o kadar sihirli etkiler oluşturur ki, bir dakika önce inatlaşan yavrunuz 'ait olma duygusuyla' harekete geçip size uyumlanmaya başlar. Mesela pek çok anne, çocuğunun oyuncaklarını toplamadığından dert yanar. Hele ki bir misafir gelmiş ve ev bomba patlamış gibi dağılmışsa, misafir sonrası evi derleyip toplamak biz anneleri çılgına çevirebilir. Tam bu noktada çocuğumuza, "Hadi odanı topla bakalımmmm" diye seslenir ve çoğunlukla "şimdi toplayamam, çok yorgunum, ben dağıtmadım ki Ayşe dağıttı" gibi cevaplar alırız. Oysa bir anne misafirin ardından çocuklarına "salonda buluşuyoruz, aile toplantısı zamanı" deyip salona geçse, tüm aile halının ortasına oturup kafa kafaya verse ve anne (ya da baba) "Evet, misafirimiz gitti, şimdi 15 dakikalık zaman kurup evimizi düzene sokacağız. Anne sen mutfağı hallet, baba salonu toplasın, çocuklar siz de odanızdaki oyuncakları kutuya koyun, 15 dakika sonra görev yerimizde tekrar buluşalım" dese, sonra da eller üst üste koyulup "birimiz hepimiz, hepimiz birimiz içinnnn" diye coşkuyla bağırılmış olsa, işte o zaman oluşturulan bu ekip ruhunun çocuğu nasıl da harekete geçirdiği deneyimlenmiş olur.

İkinci hatalı algımız ise, çocuğumuzun küçükken yaptığı olumsuz davranışların büyüdükçe artacağına inanmamızdır. "Şimdi engellemezsem, sonra iyice yoldan çıkar" inanışı buradan gelir. Oysa bir insan büyüdükçe akıllanır, olgunlaşır, tecrübe kazanır. 7 yaşındaki bir çocuk annesinden bir şey istediğinde, 2 yaşındaki hali gibi tutturarak, bağırıp çağırarak, ağlayarak istemez. (Tabii biz böyle yapması için onu teşvik etmiyorsak!) 10 yaşındaki bir çocuk, 5 yaşındaki bir çocuktan farklı olarak meyve suyunu kendi sıkabilir, yanına da güzel bir sandviç hazırlayıp oturup afiyetle yiyebilir çünkü artık bunu yapabilecek beceridedir. Öfke nöbeti, ağlama krizi, hırçınlık, birini ısırma davranışı gibi erken çocukluk dönemine ait 'çocuksu' davranışlar, çocuğumuzun nasıl daha iyi davranacağını bilmemesinden dolayı olur ve çocuğumuz kendini ifade etmeyi, problemlerini daha insani bir biçimde çözmeyi öğrendikçe –*yani büyüdükçe*– azalarak sona erer.

Ama biz çoğunlukla bu olumsuz davranışları –bilmeden de olsa– çoğaltırız. Bahsettiğimiz yanlış algı nedeniyle, aslında hoş görülse ya da görmezden gelinse sona erecek dönemsel bir tutumu mercekleyerek büyütürüz. Mesela 2 yaşındaki bir çocuk için inatlaşma davranışı dönemsel bir tutumdur. Gelişimsel ihtiyacı olduğu için yaptığı, bu şekilde karakterini inşa ettiği içsel bir motivasyondur. Bir anne bunu bilir ve çocuğunun inatlaşan haline 'inatlaşarak' değil de, sevecen bir anlayışla yaklaşırsa, çocuktaki inat da geçici olur. Ama tam tersi, "sen inatsan ben daha da inadım, bakalım kim kazanacak" hareketinde bulunursa, çocuğun inadı bir kişilik örüntüsüne dönüşür. Bu nedenle çocukluk döneminin 'anneler için' sihirli kelimeleri, anlayış, empati, sevecen kararlılık ve sabırdır.

2. Olumsuz davranışları hemen engellemeliyim

Biz anneleri bağırıp çağırmaya iten temel sebeplerden biri de yanlışı düzeltme refleksimizdir. Çocuğumuzu yağlı ellerini halıya sürerken, arkadaşının saçını çekerken, kardeşine vururken gördüğümüzde, anlık bir refleks olarak bağırmaya başlarız. Niyetimiz ne kadar iyi olsa da, davranışımızın tazyiki yüzünden genellikle istediğimiz sonucu alamayız.

Amaç: Çocuğun olumsuz davranışı durdurması ve evde huzur havasının hâkim olması.

Eylem: Bağırmak.

Sonuç: Olumsuz davranış durdu, çünkü çocuk korktu ama şimdi de ağlamaya başladı.

Eylem: "Neden ağlıyorsun," diye bağırmak.

Sonuç: Çocuk daha çok ağlıyor.

Çocuğumuzu yanlış bir davranış yaparken gördüğümüzde, eğer niyetimiz gelişigüzel bağırmak değil de o yanlışı düzeltmekse, ilk yapmamız gereken şey sakin kalmaktır. Bunun iki nedeni vardır. İlki, 'savaş ya da kaç' mekanizmasının aktif olması durumudur. Şöyle ki, bizler kendimizi tehdit altında hissettiğimizde sempatik sinir sistemimiz harekete geçer ve vücudumuzda adrenalin salgılanmaya başlar. Bu hormonal salınım nedeniyle idrak, muhakeme, öğrenme yetileri devre dışı kalır çünkü adrenalin, 'anlık karar mekanizmasını' harekete geçirmiştir. O sırada zihin şöyle çalışır: Şu an tehdit altındasın, kaç ya da savaş; eğer baş edebileceğin bir durumsa 'savaş', yok üstesinden gelemeyeceğin bir durumsa 'kaç'... Bu mekanizmayı şöyle bir sahneden hatırlayabiliriz. Düşünelim, ıssız, karanlık bir sokakta yürürken karşımıza bize doğru havlayarak koşan bir köpek çıksa ne yaparız? Milisaniyeler içinde ya kaçarız ya da baş edebileceğimizi düşünür ve o yönde eylemler yaparız. Taş atmak, bağırmak, "hoşşt" demek gibi...

Aynı örneği anne-çocuk iletişiminde düşündüğümüz zaman görürüz ki, çocuğumuza bağırdığımızda kendini tehdit altında hissetmesine sebep olur, sempatik sinir sistemini harekete geçirir, öğrenme ve ders alma yetilerini devre dışı bırakır, kaç ya da savaş mekanizmasını aktive etmiş oluruz. Çocuğumuz anlık bir refleksle ya kaçmaya başlar *—yani bizimle baş edemeyeceğini düşünüp pasifleşir, sağır dinlemeye geçer—* ya da savaşabileceğini düşünüp saldırı davranışlarında bulunur. "Acımadı kiii" der, vurmaya çalışır, tükürür, nanik yapar vs...

Biz bağırırken çocuğumuz ne yaparsa yapsın, yapamadığından emin olduğumuz bir şey vardır, o da ders alıyor, yanlış davranışın yapılmaması gerektiğini anlıyor ya da terbiye ediliyor olduğudur çünkü tehdit altında hissettiği için öğrenme devreleri kapanmıştır artık. Bu yüzden çocuğumuza ders vermek ve terbiye etmek istiyorsak, öncelikle muhakkak ve muhakkak sakin kalmamız gerekir.

İkinci neden ise, model olma ilkesidir. Biz insanlar dünyaya geldiğimizde pek çok içsel donanıma sahip bir halde yaşama başlarız. Bir yetişkinde hangi donanımlar, duygular, potansiyeller varsa, bir çocukta da bu donanımın hepsi daha bebeklikten itibaren vardır. Ama henüz küçük bir tohum halindedir. Zaten yetişkinin görevi de burada başlar.

Allah, anne-baba olmuş ebeveynlere yarattığı bu yeni canla âdeta şöyle der: *"Sana bir tohum verdim. Ona doğru ortamı sağla, güneşini, toprağını, suyunu iyi ayarla ve o günbegün büyürken, geçtiği yolların nasıl geçilmesi gerektiğini ona öğret, model ol."*

Doğru model olmak önemlidir çünkü çocuğumuza neyi nasıl yapması gerektiğini, hangi durumlarda nasıl davranması gerektiğini 'söyleyerek' değil, 'yaşayarak' öğretiriz. Çocuğumuz bize bakıp, "Hmm demek ki birine öfkelendiğin zaman bağırıp çağırman, hatta vurman gerekiyor" diyorsa eğer, o zaman "sussun diye bağırıyorum, kardeşine vurmasın diye vuruyorum, sevdiğim için dövüyorum" tanımlarımızın ne denli komik olduğunu acı bir şekilde öğreniyoruz demektir. Bu nedenle annelere hep söylerim, çocuğumuzda görüp beğenmediğimiz tüm davranışlar evimizde ya biz, ya eşimiz tarafından uygulanan davranışlardır. Bir çocuk kızdığında annesine "aptaalll" diye bağırıyorsa, annesi de ona kızdığında aynı şekilde bağırdığı içindir. Bu nedenle çocuğumuzun bir yanlıştan dönmesini istediğimizde bağırmak, ona sadece hayatta yanlış yapan birilerini gördüğünde bağırma davranışı göstermesini öğretir.

3. Çocuklara kimin patron olduğunu göstermeliyim

Bir ailenin 'reisi' olması kadar doğal bir süreç yoktur aslında. Evde kuralları koyan, sorumluluğu alan, takibini yapan kişi ya da kişiler çocuklar değil, ebeveynler olmalıdır. Günümüzde 'çocuk merkezli hayat'a geçiş yaparken unuttuğumuz, atladığımız, ihmal ettiğimiz kısım tam da burası... Evlerde 'patron kim' belli olmadan süregelen, annelerin çocuklarına yalvardıkları, her konuda ikna etmeye çalıştıkları, her istediklerini yaptıkları bir hava hâkim ve bu tutum anneye de çocuğa da zarar veriyor.

Peki ne olmalı? Hem patronun kim olduğunu belirleyip hem de çocuğun psikolojik gelişimine zarar vermeden yol almak mümkün mü?

Aslında mümkün. Nasıl yapacağımızı anlayabilmek için, gelin 'patron olma'nın tanımını yapalım...

'Evin patronu' dediğimizde aklımızda oluşan resimde gücüyle ev halkını ezen, bağırıp çağıran, negatif disiplin metotları uygulayan, yani döven, ceza veren ve korku duygusuyla evdekilere çekidüzen veren bir ebeveynlik modeli canlanır. Öyle ya, kendi çocukluğumuza dair söylediğimiz "babamızın yanında bacak bacak üstüne bile atamazdık" anlayışı, "atsaydık sopayı yerdik" korkusuyla örtüşen bir disiplin algısı miras bıraktı bizlere. Oysa 'saygın' bir davranış olarak anne-babanın yanında duruşumuza, konuşmamıza, davranışlarımıza dikkat etmemiz için onlardan korkmamız gerekmez. Bilakis, insan korktuğu kişiye içten içe saygı da duymaz. Şöyle bir örnek üstünde düşünelim:

Bir öğretmenimiz olsa, her gün bizi sıra dayağına çekse, ödevimizi yanlış yaptığımızda defterimizi yırtsa, bizi aşağılasa, "sen ne aptal çocuksun" dese, arkadaşlarımızın yanında bizi küçük düşürse, o öğretmenimize karşı hissettiğimiz duygular ne olur? Korku, nefret, kin... O öğretmenimizin dediğini yapar mıyız? Evet yaparız çünkü zarar görmekten korunmak isteriz. Peki yaptığımız şeyleri öğrenir, sever, içselleştirir miyiz? Muhtemelen hayır. Aksine, öğretmen başımızdan gittiği andan itibaren, sırf ona inat olsun diye, 'yap' dediği şeylerin tersini yapmaya başlarız.

Anne-çocuk ilişkisinde de, bahsettiğimiz bu örnek gibi onlarca deneyime şahit oldum yıllar içinde. Sırf anne-babasını üzmek için "namaz kıldım" deyip aslında kılmayan, abdest alıyor gibi suyu açıp, kenarda durarak yalana yönelen, anne-babasının cüzdanından para alıp yapmadığını söyleyen onlarca vakayla karşılaştım. Aile yaşantıları farklı olsa da, bu tarz davranışta bulunan çocuklara sunulan ebeveynlik modelinde ortak bir payda vardı, o da, çocuğu 'korku' ile terbiye etme yönelimiydi.

Oysa bir çocuğa patronun siz olduğunuzu göstermeniz için onu korkutmanız değil, bilakis sevmeniz ve sevdiğinizi hissettirmeniz gerekir çünkü insan ancak sevdiği kişiyi modeller, sevdiği kişiyi üzmek istemez, sevdiği kişinin sözünü dinler. Bu, aynı okul yıllarımızda en sevdiğimiz dersin en sevdiğimiz öğretmenin dersi olması gibidir. Seversek anlarız, çabalarız, uygularız ve başarırız. Bütün bunları yaparken de keyif alır, mutlu olur ve değerli olduğumuzu hissederiz.

Evin patronu olmak için, ikinci adımda, adil olmak gelir. Çocuğumuza yasakladığımız, 'hayır' dediğimiz şeyler gerçekten gerekli mi, onun menfaati için mi, evimizin olmazsa olmazları mı iyi belirlemeli ve çocuğumuzda haksızlığa uğrama hissi oluşturmadan kurallarımızı devam ettirmeliyiz. Bu gerçekten önemlidir çünkü bir çocuk, annesinin, elinden gelse isteklerini yaptığını bilirse, o zaman anne 'hayır' dediğinde kabullenmesi kolay olur. Şöyle bir düşünce sistematiği çalışır: *"Annem isteklerimi önemsiyor ve oldurmaya çalışıyor. Şu an 'hayır' dediğine göre, bu gerçekten yapılması mümkün olmayan bir şey olmalı..."*

Patronların üçüncü önemli özelliği ise saygıdır. Anne-baba çocuğa kural koyacak ve uymasını bekleyecektir ama uyması için onu ezmeyecek, saygın bir dille kural takibini gerçekleştirecektir. Bu da çocuğumuzun karar almasına ve aldığı kararın sonucunu yaşamasına izin vermekle olur. Bir çocuk yemek için sofraya gelmiyorsa ona bağırıp çağırmak, "yemek yemezsen tablet yok" gibi anlamsız cezalar vermek çözüm değildir. Çözüm, sonucu yaşatmaktır. Yemek yememeyi tercih eden çocuk, bir dahaki öğüne değin aç kalır. Bu sırada yemek istediğinde annesi sevecen bir kararlılıkla, "keşke bizimle birlikte yeseydin, şu an acıktığını görüyorum ama ne yazık ki bir dahaki öğüne kadar yemek yiyemeyiz" der ve çocuğunun kararının neticesini yaşayıp deneyimlemesine olanak sağlar. Böylelikle bir dahaki sefere çocuğu sofraya gitmediğinde sonucun ne olacağını bilecek, ona göre tercihlerde bulunacaktır.

Sonuç olarak diyebiliriz ki, her evin muhakkak bir patronu olmalıdır ve bu patron ebeveynler olmalıdır. Lakin zihnimizdeki patronluk tanımı 'sevgi dolu, adil ve saygın' bir noktada hayat bulmalıdır.

4. Bağırmak şiddet değildir!

Şiddet deyince ilk aklımıza gelen kavramlar dayak, tokat, tekme atmak, saç çekmek, falaka, ısırmak, çimdiklemek... gibi fiziksel olarak acı veren kavramlar olur. Yani pek çoğumuzun şiddetten anladığı şey 'fiziksel şiddet'tir. Şiddet dolu bir dünyadan bahsederken zihnimizde canlanan görüntü 'savaşlar', kadına şiddete karşı çıkarken karşısında durduğumuz olgu 'dayak' ya da 'cinayet' gibi eylemlerdir. Benzer bir biçimde, çocuğa şiddet deyince de ilk aklımıza gelen şeyler yine baştan aşağı fiziksel şiddet tanımları içerir: Tokat atmak, eline cetvelle vurmak, kulağını çekmek, saçından sürüklemek, istismar, tecavüz...

Oysa şiddete karşı sürdürdüğü hayat tarzıyla bilinen Mahatma Gandhi farklı bir tanım yapar. "Fiziksel şiddet bir sebep değil sonuçtur. Kişiyi fiziksel şiddet uygulamaya götüren süreçler vardır. Bu süreçlerin genel adı 'pasif şiddet' adını alır ve dünyada barış ortamı sağlayabilmek için, öncelikle şiddet ateşinin yakıtı olan pasif şiddetle savaşmamız gerekir" der.

Peki, Gandhi'nin 'şiddetin yakıtı' dediği pasif şiddet davranışları nelerdir?

Bu sorunun cevabını irdelediğimizde, annelik seyrimizde kullandığımız ve sadece bir disiplin aracı olarak düşündüğümüz birçok davranışın çocuğa pasif şiddet uygulamak olduğunu görürüz. Bu, büyük bir sorundur çünkü bir anne pasif şiddet uyguladıkça çocuğunun içinde şefkat, sevgi ve merhametten beslenen tohumun etrafına kalın kabuklar örmeye başlar. Yumuşacık evladını günbegün katılaştırır. Bu katılaşma süreci çocukta agresyona, hırçınlığa, inatlaşmaya, kötü davranışlara yönelmeye neden olur. Sürecin bir noktasında da anne, "artık dayanamıyorum, tahammül edemiyorum, sabrım kalmadı" diyerek fiziksel şiddete başvurur ve böylece kendi içinde bir kısır döngüye neden olacak bir anne-çocuk savaşı başlar. Ne yazık ki bu savaşta en çok çocuklar yara alır.

Pasif şiddet, tanım olarak, duygusal olarak acı veren ve duygusal olarak acı verme niyeti güden davranışlar olarak düşünülebilir. Burada şu ayrım önemlidir, her duygusal acı veren davranış şiddet olarak tanımlanmaz. Niyete göre muhatabında tesir oluşturur. Mesela bir çocuk gün boyu televizyon izlemek istese, annesi ona izin vermeyecek, sınır koyacak, bunu da evladının sağlıklı gelişimi için yapacaktır. Bu noktada çocuk istediği bir süreçten engellendiği için hayal kırıklığı yaşayabilir, ağlayabilir ya da mutsuz olabilir. Bu duyguları hissetti diye 'çocuğa pasif şiddet uygulandı' denilmez çünkü hayat içinde her insan zaman zaman olumsuz duygulanımlar içine girecektir. Bu gayet normaldir. İnsan ruhunda yara oluşturmak bir yana, bilakis, ruh sağlığımızı güçlendirmek için bu duyguları yaşamayı ve baş etmeyi öğrenmemiz gerekir. Ama aynı anne çocuğuna sınır koyup televizyonu kapatırken, saygısız bir tutumla, bir yandan "ne biçim çocuksun sen, kaç kere sana kapat dedim, salak, aptal, hiçbir işe yaramıyorsun" gibi cümleler kuruyor, çocuğunu kolundan sertçe tutup, "git bakayım odana" deyip itiştiriyor, "sana artık hiç televizyon yok" gibi cezalar veriyor ve kurallarını uygulamaya koyarken saygısızca bağırıp çağırıyorsa, o zaman o anne pasif şiddet uyguluyor demektir çünkü kararlı ve sevecen bir sakinlikle koyabileceği sınır, bu davranışlar nedeniyle çocuğunu inciten, rencide eden, onurunu zedeleyen bir hal almış olur. Artık çocuğun içinde uyanan duygular, ilk örnekte olduğu gibi basit bir hayal kırıklığı olmayacak, değersizlik, suçluluk, utanç, sevilmeme hissi gibi çocukluk çağına âdeta kanserli bir virüs gibi yapışıp kalan tümörlü duygu örüntüleri olacaktır. Bu, çocuk için büyük bir dramdır.

Bu bağlamda pasif şiddeti tanımlamak için altın kural bellidir: Anneler çocuklarına muhakkak sınırlar koymalıdır. Lakin bu sınırları çizerken ortaya koydukları davranışlar, bir yetişkine söylense uygun olmayacak davranışlar olmamalı, nezaket ve saygınlık muhakkak korunmalıdır çünkü ruhun yaşı yoktur. Bir davranış nasıl ki bir yetişkini incitir, izzet-i nefsini zedeler, onurunu acıtır ise, aynı davranış örüntüleri çocuklarda da benzer etkiler oluşturur. Hatta çocuk dünyasındaki etki, yetişkin dünyasındaki etkiden katbekat fazla olur. Zira bir yetişkin diğerine "aptalsın sen" demiş olsa, diğer yetişkin kendini savunabilecek bir bedensel ve zihinsel olgunlukta olduğu için çok yara almaz. "Abuk sabuk konuşuyor işte" deyip kendi benliğini koruyabilme becerisi gösterir. Oysa bir çocuk için anne mutlak otoritedir. O ne derse doğrudur. Bu yüzden bir anne çocuğuna aptal dediğinde iki türlü zarar vermiş olacaktır. Hem çocuğuna sarf ettiği saygısız davranışlarla pasif şiddet uygulayıp tümörlü duyguları açığa çıkaracaktır, hem de çocuğun içinde "annem bana aptal diyor, demek ki aptalım" inanışını köklendirecektir. Öyle ya, bir çocuk için annesi ne diyorsa doğrudur.

O zaman ebeveynler, bir yetişkine söylemeyeceği hiçbir cümleyi çocuğuna söylememeli, bir yetişkine kullanmayacakları ses tonlamasını çocuğunda kullanmamalı, bir yetişkine göstermeyecekleri davranışları çocuklarına da göstermemelidirler.

Bağırmak, hakaret etmek, aşağılamak, kıyaslamak, çocuğu gereksiz engellemek, alay etmek, ceza vermek, ödül vermek, her istediğine izin vermek, mola verdirmek, bakışlarıyla dövmek gibi 'pasif şiddet' içeren davranış örüntülerinden uzak durarak, şiddet ateşini körükleyen kor yangını söndürmeye gayret etmelidir. Bu noktada üç ayrı şiddet davranışını tanımak gerekir.

Bermuda şeytan üçgeni: Fiziksel şiddet, duygusal şiddet, psikolojik şiddet

Daha önce belirttiğimiz gibi, fiziksel şiddet kişinin fizyolojik bedenini acıtan vurma, terlik atma, çimdikleme, tekmeleme, saç çekme gibi davranışların bütününe denir. Bu davranışlar her ne kadar fizik bedeni acıtıyor gibi gözükse de, psikolojiyi ve duyguları da acıtır. Annesinden dayak yiyen bir çocuğun öncelikle onuru ve itibarı zedelenir. Psikolojik olarak acı çeker ve travmatize olur. Aynı zamanda duygu dünyası için 'emniyet ve güveni' temsil etmesi gereken annesiyle bağı zedelenir. Burada asıl yara alan çocuğun tokat gelen yanağı değil, benliği, onuru, haysiyeti, annesiyle bağı, güven duygusu, emniyet hissi, psikolojisi ve duygu dünyasıdır. Bu bağlamda denebilir ki, her fiziksel şiddet aynı zamanda psikolojik ve duygusal bir şiddettir.

Bununla birlikte bazen bedene dokunmasa da duygulara dokunan şiddet davranışları vardır. Bir annenin çocuğuna "artık senin annen olmayacağım", "seni sevmiyorum", "bıktım senden", "küstüm sana" demesi, bedeni acıtmaz belki ama duyguları incitir. Çocukta değersizlik, suçluluk, yetersizlik gibi duyguların oluşmasına neden olur. Annesiyle kurduğu bağı orta yerinden koparıp darmadağın eder. İşte bu, 'duygusal şiddet'tir.

Bir de 'psikolojik şiddet' vardır. Bu tür şiddette ise acıyan beden değil, ruhtur. Bozulan, kırılan, dökülen fiziksel sağlık değil, psikolojik sağlıktır. "Bir daha böyle yaparsan seni boğarım", "seni çingenelere vereceğim", "kardeşine vurursan seni tuvalete kilitlerim" gibi cümleler insan psikolojisi üzerinde ağır yükler oluşturur. Kişiyi travmatize eder. Bazen anneler, "ben kilitlerim dedim ama kilitlemeyecektim" diye kendilerini savunurlar. Oysa bir davranışı yapmaya gücü yetecek bir insanın, o davranışı yapmayacak olsa bile yapacağını söylemesi şiddettir. Bu aynı, bir teröristin başımıza silah dayayıp "şunu yapmazsan seni öldürürüm" demesine benzer. Öldürmeyecek olsa dahi, öldürme ihtimalinin kişide oluşturduğu psikolojik baskı şiddet olarak tanımlanır.

Hangi çeşit olursa olsun, şiddet gören çocuklarda üç farklı davranış örüntüsü görülür: Aşırı uyum (karaktersizleşme), hırçınlık/saldırganlık (agresifleşme) ve duyarsızlık (duyarsızlaşma). Bu üç hal de, bir çocuk için en ağır dramların yaşandığı sahnelerdir. İşte bu yüzden, çocuğuna cümleleri, bakışları ve dokunuşları etki etsin isteyen bir anne şiddetin her türlüsünden uzak durmak için azami gayret göstermelidir.

5. Çocuklar 'yetişkin' gibi davranmalıdır

Yıllar içinde annelerden aldığım ve 'sorun' olarak ifade edilen davranışlara bakarak vardığım nokta şu ki, pek çoğumuz 'çocukluk' ne demek bilmiyoruz. 'Çocuk' derken nasıl bir dünyadan bahsettiğimizden, nasıl becerileri olan, duygularını nasıl ifade eden ve neye ihtiyaç duyan bir varlığın emanetçisi olduğumuz bilgisinden ne yazık ki uzakta duruyoruz çünkü 'sorun' dediğimiz, ağlamak, hareketli olmak, inatlaşmak, tutturmak, eşyaları dağıtmak, kurcalamak, 'hayır'dan anlamamak, kardeşiyle çekişmek, uykuya direnmek gibi davranışlar, aslında başlı başına çocukluk döneminin olmazsa olmazları...

Hepimiz çocuk olduk ve hepimiz bu ve benzeri davranışları yaparak 'yapmamayı' öğrendik. Meyve suyunu yere döktük, elektrik prizine parmağımızı soktuk, kardeşimize vurduk, oyuncaklarımızı paylaşmadık, annemiz bizi ayağında sallarken inatla uykuya direndik, oyuncak isterken tutturduk, ağladık, çekmecelerin içini boşalttık, duvarları boyadık... Şu an çocuğumuz neler yapıyorsa benzer yollardan yürüyüp benzer dönemeçleri bir bir adımladık. Ama ne olduysa oldu ve tüm bunları unuttuk. Sorun büyümemiz değildi belki ama büyürken unuttuğumuz çocukluğumuz nedeniyle kaşları çatık anneler olduk. Bu yüzden çocuğumuza nasıl bağırmayalım sorusunun cevabını ararken, gelin ilk önce 'çocuk olmak' ne demek beraberce hatırlayalım...

Çocuklar ağlar: Ağlamak, çocuğun iletişim kurma biçimidir. Çocuk, üzüldüğünde, hayal kırıklığı yaşadığında, öfkelendiğinde, kötü hissettiğinde, korktuğunda, uykusu geldiğinde, karnı acıktığında ağlar. Bu normaldir. Hatta bir anne için şükür sebebidir. Henüz yeterince konuşma ve ifade etme becerisi olmayan bir çocuk eğer ağlamasaydı, onun bir sıkıntısı olduğunu anlamamız da mümkün olamayacaktı. Burada anormal olan, çocuğa "sus bakayım" denilerek duygularını bastırmaya yöneltmek ve ağladığında 'hayır'larımızı 'evet'e çevirerek 'ağlayarak isteme' davranışını pekiştiren anne tutumlarında bulunmaktır.

Çocuklar karıştırır: Çocuklar, biz yetişkinlerin kaybetmeye yüz tuttuğu muazzam bir duyguyla dünyaya gelirler: Merak! Her şeyi merak eder, denemek ister, kurcalar, oynar, ağzına sokar ve tanımaya çalışırlar. Bu durum çocuğun sınırı aşması, aşırıya gitmesi ya da yaramaz olmasından dolayı ortaya çıkmaz. Bilakis, karıştırmak, çocuğun hayatı öğrenme yolculuğuna verdiğimiz eylemin adıdır. Çocuk ne kadar çok karıştırır, kurcalar, ne denli fazla uyaranla buluşursa o kadar çok öğrenmiş, gelişmiş ve büyümüş olur. Hayatın karşısındaki acemiliğini azaltır.

Çocuklar inatlaşır: Her daim annelere söylediğim şeylerden biri şu cümledir: "Çocuğunuzla inatlaşmayın, kaybedersiniz" çünkü çocuk için inatlaşmak demek, "Ben artık ayrı bir birey olduğumu fark ettim. Sana 'hayır' demeye, kendi kararımı denemeye ihtiyacım var. Ancak böyle büyüyebilirim" demektir. Bu nedenle çocuklar kararlarından dönmemek için her yolu denerler. Öfke nöbeti geçirirler, ağlarlar, kendilerini yerlere atarlar ve inatlarını sürdürürler. Biz annelerin bu davranışı "beni üzmek, kızdırmak için yapıyor" algısından çıkarıp, "şu an yavrumun kişiliği gelişiyor" noktasına taşıması, sabırlı sevecenliğimizi sürdürebilmek için faydalı olacaktır.

Çocuklar kırar, döker, kirletir: 'Çocuk' demek, 'yetişkin değil' demektir. O zaman bir yetişkinin becerisini, öngörüsünü, kabiliyetini ve düzen hassasiyetini küçük bir çocuktan beklemek gerçekçi değildir. Çocuğun keşfetmesi için ortam hazırlamalı –mesela kırılıp dökülecek eşyalar çocuğumuz büyüyene dek etrafta olmamalı– sonrasında bir şey dökülüp saçıldığında da yavrumuzun daha küçük olduğu ve doğruyu yapma becerisinin yeteri kadar gelişmediği gerçeğini unutmamalıdır.

Çocuklar duygularını kontrol edemez: 7 yaşından önce çocuklarda sol beyin lobu gelişmiş değildir. Sağ beyin lobu aktif olan çocuk duygularının kontrolündedir, mantıklı düşünemez, dürtüsel davranır. 5 yaş sonrasında yavaş yavaş harekete geçen sol beyinle birlikte empati, ikna, mantıksal düşünme tohumları atılmış olur. Bu nörolojik gerçek nedeniyle çocuklar 7 yaş öncesinde regülasyon becerisine sahip değildirler. Yani olumsuz bir duygu hissettiklerinde bu duyguyla baş edemez, yatıştıramaz ve olumsuz bir davranış ortaya koyarak duygu sağaltımı yapmaya çalışırlar. Burada önemli olan annenin sakin kalmasıdır çünkü çocuk hırçınlaştığında anne de hırçınlaşıyorsa, o zaman sükûneti kim sağlayacaktır?

Çocuklar uykuya direnir: Dünyayı keşfe çıktıkları 1 yaş sonrasında çocukların uyku düzeninde değişimler, uykuya direnme durumları gözlemlenebilir. Bunun nedeni "keşfedilecek koca bir dünya varken kim ne yapsın uykuyu" dürtüsüdür. Çocuk oyunu, karıştırmayı, keşfetmeyi bırakıp uykuya geçmek istemez. Bu çok normaldir. Bununla birlikte zaman zaman çocukların uykuya direndiği dönemler olacaktır. Aynı biz yetişkinlerde olduğu gibi, çocuklarda da dönemsel uykusuzluk ya da aşırı uyuma durumları yaşanması normaldir.

Çocuklar oynar: Oyun, çocuğun dilidir. Kuşlar nasıl uçuyorsa, balıklar nasıl yüzüyorsa, çocuklar da o denli fıtri bir yönelimle oyun oynarlar. Oynayarak hayatın provasını yaparlar. Bu yüzden biz annelerin temel görevlerimizden biri, çocuğumuzun oyun oynayabileceği ortamı, duygusal zemini ve ihtiyaç duyduğu araçları temin etmek, oyun oynamanın zamanı boşa geçirmek olmadığını bilmektir.

Çocuklar da insandır: Evet evet, çocuklar da insandır. Aynı bizler gibi, onların da iniş çıkışları, düzensizlikleri, hataları, eksikleri, irade gösteremedikleri zamanlar vardır. Bu nedenle hiçbir alışkanlık sürecinde 'mutlak süreklilik' beklenmemeli, 'arada bir'lere olanak sağlanmalıdır. Yemek düzeni oluşmuş bir çocuğun zaman zaman iştahsızlık gösterebileceği, sofrada yemek yerine televizyonun karşısında yemek isteyebileceği ya da arada bir abur cubur için ısrar edeceği bilinmelidir çünkü biz yetişkinlerde de durum aynen böyledir. Bu insanidir. Burada temel parola 'genellikle'lerimizin nasıl olduğudur. Orada sorun yaşamadığımızda, 'arada bir' ortaya çıkan durumlarda da çocuğumuzun gelişimi adına problem yaşamayız.

6. Çocuklar yaramazlık yapmamalıdır

Size enteresan bir şey söyleyeyim: Aslında hiçbir çocuk yaramazlık yapmaz! Neden mi? Çünkü çocuk davranışlarının nedenlerini bilmediğimiz için, o davranışları yaramazlık olarak yorumlayan biziz. Çocuğun davranışına ne dersek diyelim, niyeti asla 'yaramazlık yapmak' değildir. Çocuklar çoğu zaman merak ederler, kurcalarlar, ağlarlar, ellerini olmadık şeylere sokarlar (tezgâhın üstüne çıkardığımız zeytinyağı gibi), eğlence peşine düşerler (bu yüzden dağıtıp kirletirler), size yardım etmek isterler (bunu yaparken de kalıp sabun sandıkları tereyağı ile halıyı silerler), size benzemeye çalışırlar (sizin gibi eline krem sürmeye çalışırken halıyı kreme bularlar)... Biz annelerse bu davranışları gördüğümüzde, "yaramaz çocuk, yapma!" der, kızarız. Biz aslında yapılan davranışta uygunsuz gördüğümüz kısımlara yapma demek istesek de, çocuğumuz niyetini düşünür ve onun yanlış olduğunu söylediğimizi sanır. Biz tereyağı ile halıyı silmesine "yapma" deriz, o bize yardım etme düşüncesine kızmışız gibi algılar. Bu da çocuğumuzun iyi niyetini ve gelişimini engeller.

Bu nedenle, çocuğumuza kızmadan önce gerçekten kızılacak bir şey yapıp yapmadığını iyi düşünmemiz gerekir. Bunu yapabilmek içinse, bağırıp çağırmadan evvel kendimizi durdurup "neden yaptın yavrum" diye sormamız yeterlidir çünkü çoğunlukla aldığımız cevap o kadar masum olur ki, cevabın samimiyetiyle tüm kızgınlığımız uçar gider.

Bir arkadaşım yıllar önce şöyle bir anısını paylaşmıştı:

"Ramazan ayıydı. İftara misafirimiz gelecekti. Sabahtan beri temizlik, yemek, hazırlık derken çok yorulduğum bir koşuşmanın içine girdim. Mutfakta son hazırlıkları tamamlıyordum ki, 5 yaşındaki kızımın sesinin çıkmadığını fark ettim. İçimden 'eyvah, muhtemelen bi işler karıştırıyor' diye düşünerek korkuyla içeri gittim. Bir de ne göreyim, haşhaş poşetini almış ve tüm koltukların, halının, sehpaların üzerine haşhaş tohumlarını serpmiş. O an kan beynime sıçradı. Az sonra misafir gelecek ve benim alelacele tekrar süpürgeyi açmam gerekecekti. Tam kızıma bağıracaktım ki, kendimi zor da olsa durdurup göz hizasına eğildim. 'Yavrum, biliyorsun birazdan misafir gelecek. Neden bunu yaptın?' diye sordum. Masum bir tavırla gözlerime baktı ve 'Hani sen pastaların üstüne süs döküyorsun yaa, ben de misafir için evimize süs döktüm, süsledim anne' dedi. O an çocuğuma gereksiz yere bağırmadığım, onu pataklamadığım için şükrettim içimden çünkü beni üzmek için değil, evi süslemek için bu davranışı yapmıştı..."

Bununla birlikte çocuklar dünyaya ahlâki normları ve kuralları bilerek gelmezler. Bunu bizden öğrenirler. Bu süreçte de olabildiğince çok deneme-yanılma evresi geçirirler. Anne-babalar olarak bu süreçlerde çocuğumuza rehberlik etmek, doğruyla yanlış arasındaki ayrımı yapabilmesi için fırsat vermek, her gelişim döneminde ihtiyacı olan ilgi ve sabrı ona sunmak bizim ebeveynlik görevimizdir. Nitekim atalarımızın dediği gibi, "bir musibet, bin nasihatten değerlidir". Eğer evimizde "40 kere söylüyorum yine yapmıyor" cümlesi fazlaca kullanılıyorsa, bunun nedeni çocuğumuzun deneyip yanılmayı deneyimlemesine ortam sağlamadığımız içindir.

7. Çocuğum beni deli etmek istiyor!

Bu inanışımızın kaynağı nedir, açıkçası çok merak ediyorum? Çünkü baktığımızda, pek çoğumuzun cümlelerinde "beni deli etmek için yapıyor", "beni kızdırmak için tutturuyor", "beni bunaltmak için ısrar ediyor" gibi tanımlar var. Çocuklar sınırları dener, tutarsızlıkları lehlerine çevirir, kararsız davranışları ihlal ederler, doğru. Lakin bunların hiçbirini anneyi deli etmek için yapmazlar. Bu yüzden pedagojinin temel esaslarından biri şudur: *Kurallara uymayan çocuk yoktur; doğru disiplin uygulamayan ebeveyn vardır.*

Yoksa hiçbir çocuk annem bağırsın, beni dövsün, ceza versin istemez. Yine hiçbir çocuk öfkenizin sonuçlarıyla baş etmekten hoşlanmaz. Lakin çocuklar ebeveyninin ilgisini çekmek isterler. Ebeveyninin ilgisine ihtiyaç duyan bir çocuk, eğer bu ilgiyi pozitif yollardan alamıyorsa, negatif yollardan almaya razı olacaktır ve çocuklar bilinçdışı bir seviyede hangi davranışların tüm işinizi bıraktırıp sizi çocuğunuza yönelteceğini bilirler. İlgiye ihtiyaç duyduklarında da bu davranışları gösterirler. 'Kırmızı düğmesine' basılan anne, aynı çocuğun istediği gibi, tüm ilgisini bu davranışlarla eşleştirirse, çocuğundaki negatif davranış seyrini artırır. Böylece kendi içinde bir kısır döngü oluşturur: 'Çocuk yaramazlık yapar, anne bağırır, çocuk daha fazla yaramazlık yapar, anne daha çok bağırır...'

8. Çocuğumun olumsuz davranışını engellemezsem, insanlar kötü bir anne olduğumu düşünürler

Çocuğunuzla birlikte parka gittiniz. Her şey iyi giderken, birden çocuğunuzun başka bir çocuğa vurduğunu gördünüz. Diğer çocuk

ağlamaya başladı. Parkın diğer ucunda oturan annesi ise koşarak ço-
cuğunun yanına giderken gözlerini belerterek size bakıyor. Bir yandan
da "kim yaptı sana bunu yavrum, göster bana" diyerek çocuğunuzu
işaret ediyor. Ne hissedersiniz ve çocuğunuza nasıl davranırsınız?

Bir AVM'ye gittiniz. Oyuncakçının önünden geçerken çocuğunuz
vitrinde izlediği çizgi filmin kahramanı olan oyuncağı gördü ve "an-
neee alalıımmmm" diye tutturmaya başladı. Siz "hayır" dediniz ama
nafile, çocuğunuz tutturmaya devam ediyor. Bari yürümeye devam
edeyim, o da tutturmayı bırakıp peşimden gelir diye düşündünüz ve
harekete geçtiniz. Ama evdeki hesap çarşıya uymadı! Çocuğunuz ağ-
layarak kendini yerlere attı. Herkes çocuğunuza ve size bakıyor. Ne
hissedersiniz ve çocuğunuza nasıl davranırsınız?

Yıllar süren meslek hayatım içinde anneleri çileden çıkaran ve ço-
cuğuna olumsuz muamelede bulunmasına neden olan sahnelerin, bu
ve bunlar gibi sahneler olduğunu gördüm. Misafirin yanında yapılan
yaramazlıklar, bir komşunun eleştirisi, sokakta süregelen tutturmalar,
bakkalda, markette, oyuncakçıda kendini kaybeden çocuklar... Bu
olayların can sıkıcı olduğu muhakkak. Lakin canımızı sıkan her olay-
da bağırıp çağırmaya başlamadığımıza göre, bu tarz sahneler yaşan-
dığında öfkemizi kontrol edemeyişimizin tek sebebinin çocuğumuz
olmadığı da anlaşılacaktır. Bizi kızdıran, çocuğumuzun davranışıdır
ve fakat çocuğumuza bağırmamıza ve onu hırpalamamıza neden olan
temel düşünce 'el âlem ne der' düşüncesidir.

Parkta, bahçede, AVM'de, sokakta, misafirlikte, komşunun yanın-
da çocuğumuz olumsuz bir davranışta bulunduğunda, çocuğumuzun
davranışından odağımız kayar ve içimizde 'utanç' ve 'mahcubiyet' his-
setmeye başlarız. Bunlar ağır duygulardır. Çoğu zaman taşıyamayız.
İşte bu nedenle yükümüzü çocuğumuza aktarır ve bağırıp çağırmaya
başlarız. O an ispatlamak istediğimiz şey şudur: "Çocuğum yanlış dav-
ranıyor olabilir ama güç ve kontrol bende. Ona şu an disiplin veriyo-
rum. Ben kötü bir anne değilim. Benim için böyle düşünmeyin!"

İşin trajikomik tarafı şudur ki, çocuğumuza bağırmaya başladığımız an kendimizi daha da kötü hissederiz çünkü 'iyi anneliğin' çocuğa bağırmak olmadığını biliriz. Bu nedenle, bağırmaya başladığımızda, "el âlem benim çocuğuna bağıran, kötü davranan bir anne olduğumu düşünüyor" diye hissedip, daha da öfkeleniriz. Böylece çocuğumuza bir kat daha kötü davranmaya başlarız ve tüm disiplin, saygı, sevgi anlayışımız yerlerde sürünürken, biz kendimizi çocuğumuzu pataklarken buluruz.

Oysa hiçbir anne, başka bir annenin yaşadığı böylesi bir durum için 'ne kötü bir anne' değerlendirmesi yapmaz çünkü zaten kendi de benzer durumları yaşıyor ve çocuk yetiştirmenin doğasında böylesi zamanlar olduğunu biliyordur. Anne olmamış ve bizim hakkımızda böyle düşünebilecek diğer hanımları da zihnen 'bekle ve gör' kutusuna atmak bizi rahatlatacaktır çünkü gün gelip onlar da anne olduğunda, bir oyuncakçının önünde yaşanabilen anne-çocuk savaşını deneyimleme şerefine zaten nail olacaklardır.

Bu bağlamda çocuğumuzun taşkınlık yaptığı bir ânı yönetmenin yolu öncelikle sakin kalmaktır. Bunu yapabilmek için de kendimize şu soruyu sormamız faydalı olur: "Yabancıların ne düşündüğü mü daha önemli? Yoksa çocuğumla olan ilişkim mi?" Eğer cevabınız ikinci maddeyse, doğru yoldasınız demektir çünkü bu tercihten sonra zihniniz, diğer insanları görmemeye ve çocuğunuzun davranışını nasıl olumluya çevirebileceğinize odaklanır. Kendini yere atmış "oyuncaakkk" diye tutturan çocuğunuzun yanına yere çömelip, "Keşke o oyuncağı alabilseydim, şu an çok üzgünsün seni anlıyorum. Ağlaman bitince gezmeye devam edeceğiz, seni burada bekliyorum" deyip sakince durabilmemizi sağlar. Ya da başka bir çocuğa zarar veren evladımızın yanına gidip, "Çok öfkelendiğinin farkındayım ama insanlara vurmuyoruz. Gel beraber topumuzu yere koyalım ve onu tekmeleyelim" gibi bir öneri getirmemize fırsat doğar. Sadece sakin kalıp hiçbir şey söylemesek dahi bağırıp çağırmaktan, çocuğumuzun kolunu çimdikleyip tehdit etmekten, sert bakışlarla çocuğumuzu dövmekten çok daha doğru davranmış oluruz.

9. Bağırmazsam dediğimi yapmıyorlar

Bazen çocuklara bir şeyi yapmalarını on defa nazikçe söyleriz ama yapmazlar. Ne zamanki on birinci olur ve bağırmaya başlarız, çocuklarımızın da koşarak işi yapmaya başladığını fark ederiz. Bu yüzden de sanırız ki, "Ben bağırmadıkça çocuklar dediğimi yapmıyor, o zaman bağırmam gerek".

Oysa çocukların biz bağırmadan önce dediğimizi yapmamaları, çoğunlukla boş tehditler kullanmamız ve belirsiz yönergelerle komut vermemizdendir. Nitekim pek çoğumuz çocuklarımız olumsuz davranışlar göstermeye başladığı ilk anda boş tehditler ve kurallar savurmaya başlarız. "Kardeşine vurmayı bırakmazsan bir daha tablet oynamana izin vermeyeceğim" diyen bir anne, gerçekleştiremeyeceği bir tehdit kullanmış ve çocuğunun zihninde, "annem söyler söyler vazgeçer, dediğini yapmaz, söylediklerinde ciddi değildir" kabulü oluşturmuş olur. Sanki mümkünmüş gibi, "Böyle yaparsan senin annen olmam" dediğimiz, "seni çingenelere veririm" uyarısıyla gözdağı verdiğimiz, "hemen yemeğini ye, yoksa gün boyu sana başka yemek yok" deyip beş dakika sonra çocuğumuza ekmek arası hazırladığımız her an çocuğumuzun kurallarımıza uyma ve otoriteye uyum gösterme becerisini köreltmiş oluruz. Hayat içinde bu boş tehditlerimiz ne denli çok olursa, sözümüz tesirini o denli fazla kaybetmeye başlar ve bizler bağıra çağıra "40 defa söylüyorum yine yapmıyor" girdabına düşeriz.

Yine, verdiğimiz yönergelerin belirsiz ve kişiye göre değişebilecek tanımları olması da bizi bağıran bir anneye dönüştürür çünkü çocuğumuzun sözlerimizi dinleme becerisini azaltmış oluruz. Örneğin bir anne çocuğuna, "haydi yavrum okula gitme vakti" dediğinde, televizyonu kapat, okul kıyafetini giy, çantanı topla, paltonu giy, ayakkabılarını giy ve kapıda hazır ol demek istemiştir ve "okula gitme vakti" dediği an çocuğunun bütün bu adımları anlamış olduğunu farz eder. Oysa çocuğumuz bu yönergeden sadece "televizyonu kapat" anlamı çıkarmış ve bu nedenle "birazdan kapatacağım anne" cevabını vermiş olabilecektir. Bu da bizi sinir eden bir kriz ortamı oluşturur. Oysa anne odaya girdiğinde çocuğunun göz hizasına gelip, "Yavrum okul için evden çıkmamıza 15 dakika var. Hemen televizyonu kapatıp üzerini giyinmeni ve çantanı hazırlamanı istiyorum" dediğinde, çocuk annesinin kendinden ne beklediğini net olarak duymuş olacak ve uyum gösterme olasılığı böylelikle artacaktır.

10. Ben onun için ne fedakârlıklar yaptım!

Çoğu anne-baba çocuğunun kendisine borçlu olduğunu düşünür. "Ben onun için neler yaptım", "Yemedim yedirdim, giymedim giydirdim" tarzı cümleler, çocuğunun çok uykusuz, hareketli, zor bir çocuk olduğunu tanımlayan ifadeler hep "Çok zor bir çocuğum var ve ben onun için çok bedel ödüyorum" demektir aslında. Bu düşünce yapısı içten içe çocuğa anne-babasına borçlu olduğunu hissettirir ve çocuğumuza dair beklentilerimizi artırır. Öyle ya, bizlerin bu denli fedakârlık yaptığımız çocuğumuz elbette bizim ihtiyaçlarımızı karşılamalıdır!

Her ne kadar içsel mekanizmamız böyle dese de, işin normali bu değildir elbette çünkü çocuğun dünyaya gelme süreci kendi kararı olmamakla birlikte, anne-babasının duasıdır. Evet, her ebeveyn çocuğu için fedakârlıkta ve özveride bulunur. Lakin bunu kendi tercih eder. Çocuklar, 'anne doğmak istiyorum' diyerek, hayatımıza dâhil olmazlar. Bu yüzden, 'doğmuş olma' sürecinin sorumluluğunu da kendileri alamazlar. Tabii bu, çocuklarımıza diğer insanların ihtiyaçlarını önemsemeyi öğretmeyelim demek değildir. Bilakis, bu haslet her insanda olması gereken 'diğerkâmlık' özelliğinin çekirdeğidir. Lakin onlara öğrettiğimiz, verdiğimiz, aşıladığımız hiçbir özellik için de çocuklarımız bizlere borçlu olmayacaktır çünkü anne-babalar zaten rollerinin doğası gereği çocuklarının ihtiyaçlarını gidermek ve onları geleceğe taşıyabilecek donanımı tesis etmek için vardır.

11. Annesi değil miyim? Döverim de, severim de...

Çocuklarımıza canımızın istediği gibi davranabileceğimizi düşünmemiz, bizi kısa sürede bağırıp çağıran, şiddet gösteren, kırıp döken bir anneliğe sürükler çünkü "dilediğimi yapabileceksem, o zaman en kolayını yaparım" diye düşünürüz. Nitekim dilimize geçmiş 'çocuk sahibi olmak' tanımı da bize bunu söylemektedir: 'Çocuğunun sahibi sensin, o senin malın, dilediğin gibi davran'.

Oysa annelik makamı, başlı başına bir emanetçilik koltuğudur. Sahiplikten çıkıp şahitliğe gelebilme yolculuğudur çünkü işin aslı, çocuklarımız 'bizim' değildir. Onların dünyaya gelişine aracı olmuş olmak, onların bizim malımız olduğu anlamına gelmemektedir. Bu bakış açısı çocuğumuzla olan iletişimimizi kökten bir değişime uğratır. Düşünün ki, arkadaşınız tatile giderken size çiçeğini emanet etse ve "güneşe koy, ışık alsın, her gün sula" demiş olsa, biz de bu emaneti bize bırakan arkadaşımızın dediklerini yaparız ki çiçeği solmasın. Zira tatilden döneceğini ve bize "çiçeğime ne yaptın" diye soracağını biliriz. Çocuk eğitimi de aynı şekilde, çocuğumuzun asıl sahibinin (cc) bize bir 'anne' olarak 'yap' dediklerini yapmak ve 'yapma' dediklerinden kaçınmakla mümkün olur. Bir anne, çocuğunun emanetçisi olma bilincine geldiğinde, evladına bulunduğu davranışları gözden geçirir ve insani yoldan ebeveynlik yapmaya gayret eder. Sahibine hesap vereceğini bildiği için, çiçeği soldurmamaya çalışır.

12. Çocuğumun duygusunu kabul edersem kalıcı hale gelir

Biz ebeveynler genellikle çocuğumuzun duygusunu kabul etmekte sıkıntı yaşarız. Ama duygu duygudur, kontrol edilebilir ve kolay değiştirilebilir bir şey değildir. Biz kabul edelim ya da etmeyelim, çocuğumuzdaki etkisini gösterecektir. Hatta kabul edilmemiş duygu derinleşecek, köklenecek bir de üstüne, "annem beni anlamıyor" kabulünün hayal kırıklığı eklenecektir.

"Erkek adam ağlamaz."

"Bir oyuncak için bu kadar ağlanır mı? Sulu göz!"

"Ne demek kardeşimi kıskanıyorum, onu çok sevmen gerek."

"Hiç okuldan nefret edilir mi? Okumayacaksın da cahil mi olacaksın?!"

"Koca adam oldun hâlâ yalnız yatmaktan korkuyorsun, pes!"

Bizler bu cümleleri kurarken çocuklarımızı olumsuz gördüğümüz davranışlardan uzaklaştırma niyeti güderiz. Yere düştüğü için canı acıyan ve ağlayan çocuğumuza, "Bunda ağlayacak ne var?" dersek acısına odaklanmayacağını ve böylelikle onunla baş edebileceğini düşünürüz. Oysa bu düşünce çoğu zaman tam tersiyle işleyen bir paradoksa dönüşür.

Çocuk düşer ve ağlar.

Anne, "erkek adam ağlamaz, sus bakayım, yok yok..." der.

Çocuk, 'var' olduğunu, yani canının yandığını göstermek için daha çok ağlar.

Anne kızar.

Çocuk acısını unutur, anlaşılmadığı ve küçümsendiği için ağlamaya başlar.

Korku, öfke, kıskançlık, üzüntü gibi duygular yetişkin dünyasında kabulü az olan ve çoğunlukla inkâr edilen duygulardır. Özellikle çocuğumuzda bu duyguları ifade eden davranışlar ve cümleler duyduğumuzda onu isimlendirmekten kaçınırız çünkü ona bir isim verdiğimizde varlığını kabul etmiş olacağımızdan ve duygunun anlık olmaktan çıkıp bir kişilik özelliğine dönüşeceğinden korkarız.

Bir annenin, "kardeşimden nefret ediyorum" diyen çocuğuna "hayır, kardeşini çok seviyorsun" demesi, çocuğunun her zaman kardeşinden nefret eden bir yetişkine dönüşeceğinden korkmasındandır. Yine karanlıktan korkan çocuğuna "korkacak bir şey yok" diyen anne, çocuğunun 'korkak' olmasından çekindiği için böyle davranmaktadır.

Oysa duygular anlıktır, genellenmez, kişilik özelliği olarak ifade edilmez. Mesela ben örümcekten korkan bir yetişkin olabilirim ama bu korkum benim kişilik özelliği olarak 'korkak bir insan' olduğumu göstermez. Sadece örümcekten korktuğumu gösterir çünkü bir şeyden korkmakla, genel anlamda korkak olmak farklı şeylerdir. Bu kabulle çocuğuna yaklaşan ve duygularını anlayıp ifade eden bir anne, çocuğunun bu yoğun duygulanım sürecini daha iyi yönetmesini sağlar.

O anda korktuğunu, düşünce canının acıdığını, arkadaşı eve gittiği için üzüldüğünü, kardeşi dünyaya gelince hissettiği kıskançlığı, annesi bir şeye 'hayır' dediğinde yaşadığı hayal kırıklığını ya da öfkeyi kabul etmemiz çocuğumuzu sakinleştirir. Daha kolay teselli bulmasına olanak sağlar. Annesi tarafından anlaşılıyor olmanın içsel huzurunu yaşatır.

Yine çocuğunun duygusunu 'gereksiz' ve 'anlamsız' bulma yanılgısı da biz ebeveynlerin çocuğumuza bağırma gerekçelerimiz arasındadır. Yere düşen oyuncağı için kesintisiz 10 dakika ağlayan çocuğumuza sükûnetle yaklaşabilmek kolay değildir zira...

Bizim için, gözyaşını hak etmeyen, basit, küçücük bir olay adına koparılan yaygara fuzulidir. "Bu kadar ağlayacak ne var?", "Kalk ve al, neden ağlıyorsun" gibi cümleler kurmamız bu yüzdendir. Lakin çocuğun duyguları, çocuk için önemli olan olayların neticesinde ortaya çıkar. Olay bizim için hiç önemli olmasa, hatta gereksiz bile olsa, işin özü çocuğumuz için ne derece önemli ve gerekli olduğudur. Zira "hayatta daha büyük üzüntüler var, senin ağladığın şeye bak" tarzı bir küçümseme, çocuğumuzda anlaşılmama, duyulmama, değer görmeme hisleri ortaya çıkarmış olur. Duyulmadığını düşünen çocuk, kendini duyurmak için hırçınlaşır. Bu da biz anneleri daha da çok öfkelendiren bir girdaba sürükler.

13. Çocuğum benim gibi düşünmeli ve benim gibi hissetmeli

Her insanın hayata baktığı bir penceresi vardır. Pencereden görünen manzara bazen aynı olsa da, kimi insanın baktığında 'gül bahçesi', kiminin 'diken demetleri', kiminin bahçenin ardındaki çöplüğü görmesinin nedeni budur. Nitekim hayata baktığımız yer, hayatı gördüğümüz yerdir.

Biz anneler çocuklarımızla –belki de en çok– bu alanda çekişiriz. Çocuğumuz kendi algılarını, düşüncelerini, bakış açısını kenara koysun, bizimkini kabul etsin isteriz. Kendi gördüğümüzün hayatın tek gerçeği olduğunu sanırız. Bu yüzden de anne-çocuk ilişkimizde şöyle anlar yaşarız:

Sofrada:
Anne: Oynama yemeğinle, hemen bitir tabağını!
Çocuk: Doydum.
Anne: İki kaşık çorba, bir kaşık fasulyeyle doyulmaz. Hemen bitir yoksa tablet falan yok bu akşam!
Çocuğa verilen mesaj; Doyup doymadığını sen bilmezsin. Ben sana ne zaman, ne kadar ve ne yiyeceğini söylerim.

Uyku öncesi:
Anne: Bak yine çorabını çıkarmışsın, ayakların donacak, giy hemen!
Çocuk: Ama çok sıcak, terliyorum.
Anne: Sıcak olur mu hiç? Bak burnun soğumuş!
Çocuk: Anne, ama...
Anne: Sus bakayım, annene cevap yetiştirme. Ayağın üşürse çocuğun olmaz sonra!
Çocuğa verilen mesaj; Üşüyüp üşümediğini sen bilemezsin. Ben soğuk diyorsam soğuktur. Sen hissettiğini değil, söylediğimi yap.

Ödev yaparken:
Anne: Sallanıp durma, bitir artık ödevlerini!
Çocuk: Yapamıyorum anne, çok zor.
Anne: Tembelim demiyor da, zor diyor. Diğer arkadaşların nasıl yapıyor? Salaklık etme, kafanı ver de yap!
Çocuğa verilen mesaj; Bu ödev benim için kolaysa, senin için de kolaydır. Eğer yapamıyorsan ya tembel olduğun içindir ya da salak olduğun için.

Bu ve buna benzer örnekler çocuğumuza içten içe 'kendi olmanın' ve 'kendi gibi düşünmenin' kötü olduğunu fısıldar. Kızgınlık, öfke, içerleme, nefret, suçluluk, kendini kötü ve yetersiz görme gibi duygular oluşturur.

Öyle ki, bazen 9-10 yaşına gelmiş bir çocuğa yemekte ne yiyeceğini sorduğunuzda aldığınız cevap "bilmem" olur. Hatta bir lokantaya gitmiş yetişkinlerden bazıları sipariş vereceği sırada "sen ne yiyeceksin, sence ne söyleyelim" tarzı telaşlar yaşar çünkü oldukça büyük yaşlara kadar annesi tarafından seslendirilmiş olduğundan, henüz kendi sesini keşfedememiştir.

14. Çünkü bağırmaktan başka ne yapacağımı bilmiyorum!

Küçücük bir kız çocuğuyken başlarız annelik provasına. Oyuncak bebeğimizle oynarken, onun altını değiştirip yemeğini yedirirken, adım adım içimizdeki 'annelik dürtüsü'nü de besler ve büyütürüz. Gelgelelim hayalimizdeki annelikle gerçekte yüzleştiğimiz annelik arasında dağlar kadar fark vardır.

Biz çocuklarımızın mutlu mesut oyunlar oynadığı, evden kahkaha seslerinin yükseldiği, evi saran tarçınlı kek kokusuyla tüm ailenin sevinçle sofraya oturup sohbetler ettiği bir hayal kurarken, gerçekler çoğunlukla oyuncak kavgası eden kardeşler, çocuklar ve ev işleri arasında koşuşmaktan –kek yapmayı bırak– yemek yapmaya vakit bulamamış bir anne ve sofradaki hoş sohbet yerine "sofraya oturmayacağımmmm", "yemek yemeyeceğimmm" diye ağlayan bir çocuk olur.

Bu durum biz anneleri derin bir hayal kırıklığına düşürür ve bunun sonucu olarak öfkeleniriz. Öfkelenmemizin sebebi çocuğumuzun yaptığı ya da yapmadığı şeyler olmaktan çok, gerçeklerin hayalimizden çok uzaklaşmış olmasıdır. Biz de, çaresizce, gerçekleri hayalimize yakınlaştırmak için 'zor kullanmaya', bağırıp çağırmaya ve ceza vermeye başlarız. Hayalimizde masada oturup uyum içinde yemek yiyen bir çocuk varsa ama çocuğumuz masaya gelmek yerine çizgi film izlemek için tutturuyorsa, biz anneler de gözümüzden ateşler çıkarak "çabuk masaya, sana bir daha televizyon yok" diye bağırmaya başlarız.

Oysa çoğu zaman bağırmaktan çok daha etkili ve çok daha insancıl yöntemler vardır. Bir anne, hiçbir pedagojik bilgisi olmasa dahi çocuğuna özel bir sunum hazırlayıp sofrayı cazip hale getirmek, yemek sırasında hikâye anlatıp çocuğun dikkatini çekmek, salonun ortasına piknik örtüsü yayıp çocuğunu 'salon pikniğine' davet etmek ya da sofraya gelmemeyi tercih eden çocuğuna kararının sonucunu fark ettirmek adına o öğün başka bir yemek vermemek gibi pek çok yöntem kullanarak istediği sonuca daha insani yollardan ulaşabilir. Zira bağırmak, otomatik reflekslerimizin bize 'yap' dediği en ilkel tepkimizdir ve çoğunlukla anlık çözüm sağlasa da, uzun vadede etkili bir çözüm sağlamayacaktır.

BAĞIRMAYIN...

YOL GÖSTERİN...

Bağıran bir anne olmayalım çünkü...

Bağırmak korku kültürünü besler

Yetişkin bir insanın küçük bir çocuğun karşısındaki görüntüsünü ve gücünü hayal etmek için, karşımızda 2 metre boyunda, 150 kilo ağırlığında, kaslı, iri bir insanın olduğunu düşünebiliriz. Zira küçük bir çocuk için anne-babası bu etkide, görüntüde ve güçtedir. Bu yüzden her çocuk, annesinin yıldızlara dokunabileceğini, babasının tüm diğer babaları dövebileceğini düşünür.

Fiziken bu denli üstün olduğumuz bir canlıyı bir de ses tonumuzu yükselterek, beden dilimizle saldırıya geçerek disipline etmeye çalışmak çocuğumuzda ilk olarak 'korku' duygusunu açığa çıkarır. "Bana itaat etmezsen canını yakarım" mesajı verir. Bu, zulümdür. Ayrıca korku insanı edilgen ve güçsüz kılar. Kendinden güçlü olana boyun eğmeyi fısıldar. Bu özellikler çocuğumuzun gelecekte olmamasını murat ettiğimiz özelliklerdir. Bir annenin gücüyle çocuğunu ezmesi, "gelecekte seni gücüyle ezen herkese boyun eğ" öğretisinden başka bir şey değildir. Bu yüzden küçük-büyük fark etmez, çocuğu zorla sevmek, zorla öpmek, zorla bir şey yapmaya yöneltmek, "yapmazsan şunu yaparım" tehdidiyle sindirmek çocuk için yapılabilecek en olumsuz davranışlardır.

Bağırmak güvenli bağlanmayı zedeler

Güvenli bağlanma, insan hayatının ilk yıllarında temelleri atılan ve kişilik örüntümüzün sağlıklı gelişimi için ihtiyaç duyduğumuz 'temel güven' ihtiyacıdır. Bu ihtiyaç *aynı açlık, susuzluk, uyku* gibi ihtiyaçlar hiyerarşisinin temelinde yer alır. Bu açıdan bakıldığında, bir annenin çocuğuna emanet etmesi gereken duygu, *'emniyet'* duygusudur. Çocuk, kendini annesinin yanında ne denli emniyette hissediyorsa, o denli hayata açılabilir. Böylece fizyolojik, nörolojik ve psikolojik gelişimini olması gereken şekliyle tamamlayabilir.

Lakin bağırmak ve vurmak, çocuğun annesiyle kurması murat edilen emniyet hissini yerle bir eder. Öyle ya, kendine zarar veren bir yetişkin portresi aynı zamanda nasıl güven ve emniyetle eşleşebilecektir? Bu nedenle çocuğunun hayat temelini sağlam atmak isteyen her anne, negatif disiplin metotlarından uzak durmalıdır.

Bağırmak, çocuğumuzu 'iyi insan' olarak yetiştirmemizi engeller

Anneler olarak çocuklarımızı yetiştirirken koyduğumuz hedefler üç aşağı beş yukarı aynıdır: Çoğumuz ahlâklı, dürüst, çalışkan, irade sahibi, aktif, kendi kararlarını verebilen... vs bir çocuk yetiştirmek isteriz. Bu hedefimize ulaşabilmek içinse, davranışlarımız ve sözlerimizle çocuğumuza verdiğimiz mesajın ne olduğunu fark etmemiz gerekir. Çocuğa bağırmak ya da vurmak, bizi bu 'ideal çocuk yetiştirme' tanımımızdan uzaklaştırır. Zira çocuğuna bağıran ve vuran bir anne çocuğuna öfke yönetimini, saygın bir iletişimi, kendinden güçsüzü ezmemesi gerektiğini, problemleri düşünerek çözebileceğini, duygularını yönetmeyi, 'iyi insan' olmanın, merhametli ve vicdanlı olmanın her koşulda sağlanması gerektiğini öğretmez. Bilakis, insan ezmeyi, can acıtmayı, vurmayı, şiddet göstermeyi, sinsilik yapmayı, arkadan iş çevirmeyi, yalan söylemeyi, nasıl korkutulacağını, nasıl utandırılacağını, sinirlendiğinde bunu nasıl başkasından çıkaracağını öğretir. Bu davranış örüntüleri çocuğumuzun olmasını istediğimiz resimden fersah fersah uzakta bir yerdedir.

Bağırmak kalpleri uzaklaştırır

Bağırmak, vurmak, ceza vermek gibi yöntemler sadece psikolojik sağlığı tehdit etmez, aynı zamanda anne-çocuk arasındaki sevgi bağını da zedeler. Çocuğun, kendisine gerek fiziksel, gerek ruhsal yoldan acı çektiren annesiyle, zaman içinde kalbi uzaklaşır, sevgi iletişimi zedelenir. Şu hikâye bu gerçeği çok güzel özetlemektedir:

Zamanlardan birinde bir derviş müritlerine sorar:
"İnsanlar neden öfkelenince bağırırlar?"
Müritlerden biri, "çünkü kızmış olurlar ve bunu kızdığı kişiye duyurmak isterler," der.
Derviş tekrar sorar:
"İyi de kızdığı kişi yanındaysa, duyurmak için bağırmasına gerek var mı?"
Müritler bir an şaşırır ve gerçekten gerek olmadığını düşünür. "Peki o zaman bağırmanın sebebi nedir," diye sorarlar dervişe... Derviş der ki:
"İnsanlar kızınca kendilerini duyurmak için bağırırlar, bu doğru çünkü kızdıkları kişi bedenen yanlarında olsa da, kalben uzaktadır o an. Bağırmanın amacı kalbin sesini kalbe duyurmaktır. Ama şunu unuturlar, kişi bağırdıkça kalp daha da uzaklaşır. Kalpler uzaklaştıkça kişi daha da bağırır."

İşte bu yüzden, kalbi birbirine yakın olan insanlar bağırarak konuşmazlar. Fısıltıyla, gözleriyle, bakışlarıyla anlaşırlar. Bu bağlamda her annenin niyeti çocuğuna 'söz' dinletmek değil, 'göz' dinletmek olmalıdır.

Bağırmak, olumsuz duyguları ve olumsuz davranışları açığa çıkarır

Çocukluğumuza dönüp annemizin bize bağırıp çağırdığı, sonra da "git odana çabuk, seni gözüm görmesin" diyerek odamıza yolladığı bir sahneyi hatırlayalım. Odamıza gittiğimizde annemizin ne kadar haklı olduğunu, yanlış yaptığımızı ve bu yanlıştan ders almamız gerektiğini, annemizi üzdüğümüz için pişman olduğumuzu mu düşünürdük? Yoksa annemizden nasıl da nefret ettiğimizi, o evden kurtulmamız gerektiğini, bize acı veren annemizin canını acıtmak için kızdığı davranışları gizlice yapacağımızı mı?

Bir anne, çocuğuna bağırdığında ya da vurduğunda onun içindeki masum tohumun etrafına katı bir kabuk örmüş ve kin, nefret, öfke, intikam gibi duyguların fitilini ateşlemiş olur. İçinde biriken bu negatif duygulanımla baş edemeyen çocuk olumsuz davranışlar göstermeye başlar. Yalan söyleme, hırsızlık yapma, ikiyüzlülük, agresyon, hırçınlık, öfke nöbeti gibi davranış örüntülerinin temelinde, annenin çocuğu baskılayan bu negatif tutumları vardır.

Bağırmak empati duygusunu köreltir

Empati, bir başkasının duygularını, hislerini, yaşadıklarını anlayabilme yetisidir. Her insan empati yapma becerisiyle dünyaya gelir. Çocuk 2 yaşına geldiğinde başkalarının da duyguları olduğunu kavramaya, 4 yaşına geldiğinde ise bu duyguların nedenlerini anlamaya başlar. Tabii bahsettiğimiz bu süreç, ebeveynin çocuğunu ne kadar desteklediğiyle ilgili olarak şekillenecektir.

Çocuğumuzda empatiyi geliştirebilmemiz için en önemli faktör ona karşı sevecen, yardımsever, anlayışlı davranmak ve ayrı bir birey olduğunun farkındalığıyla bireyselliğine saygı göstermektir. Örneğin çocuğumuz olumsuz bir davranışta bulunduğunda, bu davranıştan hoşlanmadığımızı ifade ederken, *"Böyle davranmayı seçtiğin için kızgı-*

nım" demek, bağırmaktan, vurmaktan, ceza vermekten çok daha empatik bir yaklaşım olacaktır.

Çocuğumuzun davranışını yönetmek için bağırmayı ya da vurmayı seçmek ise, tam ters noktada çocuğumuzun gelişmekte olan empati yeteneği köreltir çünkü çocuğumuzun davranışına karşı yıkıcı bir sinirlilik hali sergilediğimizde, ona bir başkasının duygularını önemsememeyi öğretmiş oluruz. Bu netice biz annelerin uzak durması gereken sonuçlar oluşturur. Colorado Üniversitesi'nde yapılan bir araştırma, 2 yaş dönemi çocuğu olan annelerin davranış örüntüleriyle çocuklardaki empati yeteneğinin ilişkisini ortaya koyar. Çocuğuna sevecen, bağışlayıcı ve anlayışlı davranan annelerin çocuklarındaki empati yeteneğini yükselttiğini, sinirli davranan ve kontrolcü annelerin çocuklarının ise, eşyalarını paylaşma, arkadaşlarıyla uyum içinde oynama, kızdığında şiddetli tepkiler vermeden çözüme odaklanma becerilerinin çok daha düşük olduğunu kanıtlamıştır.

Bağırmak, üç tümörlü duyguyu açığa çıkarır

Çocukluk çağının en olumsuz duygulanımları suçluluk, değersizlik ve yetersizliktir. Bu duygular öyle derin, öyle kalıcıdır ki, sadece çocukluğu değil, yetişkinlik yıllarını da bir kıskaç gibi çepeçevre kuşatarak etkisi altına alır.

Suçluluk, "Yanlış giden bir şey varsa sorumlusu kesin benimdir" duygusudur. Odada bir vazo kırılsa başını önüne eğen ya da koruyucu bir refleks gibi "ben yapmadım" cümlesini kendine kalkan edinen bir çocuk, suçluluk duygusuyla tanışmış demektir. Bu duyguyu yaşayan insanlar –bırakın kendi hayatlarını– dünyada ters giden bir şeyler olsa kendilerini suçlarlar. "Hep benim yüzümden" cümlesini o kadar çok kurarlar ki, kendi sebep oldukları iyiliğin ve güzelliğin neredeyse hiç farkında olamazlar. Bu duygunun açığa çıkmasının nedeni ise, çocukluk çağında yapılan hataların mercekenmesi, eleştirilmesi, kıyaslanması ve bu hatalar nedeniyle bağırılıp çağırılmasıdır. İşaret parmağını çocuğuna yöneltip bağıran bir anne, çocuğunu terbiye etmiyor, aksine, içinde kök salacak suçluluk duygusunun ilk tohumlarını ekiyordur.

Değersizlik ise, insanın hayatının ilk yıllarında kendilik algısını gözlerinden okuduğu annesi tarafından 'yanlış yapan kişi' olarak muamele görmesidir. Anne ne kadar bağırır, ne denli aşağılar ve hırpalarsa, çocuk da o denli "ben değerli değilim" algısı oluşturur. Bu algıya sahip bir çocuk, yetişkinlik yıllarına geldiğinde dahi başkalarından değer görme eğilimiyle herkese yaranmaya çalışacak, yaptığı iyiliklerin alt satırlarında "böyle yapayım ki sevileyim ve değer göreyim" yönelimi olabilecektir.

Çocukluk çağının tümörlü bir diğer duygusu ise, yetersizlik duygusudur. Çocuğumuzun hatalarını gün yüzüne çıkarıp, "odanı topla demiştim bu yatağın hali ne böyle", "bir şeyi de doğru yap", "ben sana böyle mi öğrettim" gibi cümlelerle eksikliklerini işaret ettiğimiz her an, içinde boy vermeye başlayacak yetersizlik ağacını da sulamış oluruz. "Ben zaten yapamam ki" düşüncesiyle girişimde bulunmayan, kendini pasifize eden, atıl kalan bir kişilik örüntüsü ortaya çıkarırız. Böylesi insanlar hayat boyu kendilerini bir başkası yönetsin, işlerini organize etsin, yapması gerekenleri söylesin, onu derleyip toparlasın isterler.

Bu üç duygu durumu da çocuğumuz için zehirli birer sarmaşık gibidir. Hem çocukluk yıllarına, hem gençliğine ve yetişkinliğine zehrini adım adım enjekte edecektir. Bu nedenle biz annelere düşen bağırmak ve vurmak gibi yıkıcı hallerden uzak durmak, çocuğumuzun çocukluğuna kanserli duyguları bulaştırmamaktır.

Bağırmak içsel disiplini öldürür

Bir çocuğa bağırıldığında ya da vurulup ceza verildiğinde, çocuk annesinin o davranışından kaçınma refleksiyle harekete geçer. Çocuğu iyi davranmaya yönelten şey 'zarar görmekten kaçınma' düşüncesi olur. Hal böyle olunca, olumlu davranışlar dışsal negatif koşullara bağlanır hale gelir. Çocuk, "annemin yanında kardeşime vurmamalıyım ama annem görmüyorken bunu yapabilirim" diye düşünür.

Bağırmak vicdan gelişimine engel olur

Vicdan, insanın içine koyulmuş en ideal polistir. Dışarıda ne kadar büyük yaptırımlar olursa olsun, bir insanı zararlı davranışlardan uzak tutan esas şey bu yaptırımlar değil, vicdanının hiç susturulamayan sesidir. Bir anne, çocuğunun vicdan gelişimini ne kadar destekler, içindeki vicdan sesini duymasına ne denli olanak sağlarsa, ahlâklı bir nesil inşasına o denli katkıda bulunmuş olur.

Çocuğu hata yaptığında bağıran bir anne, yavrusunun duyması gereken vicdanın sesini bastırmış olur. Oysa olumsuz bir davranışın ardından gelen suçluluk duygusu, değişim için en önemli etkendir. Yanlış yaptığında bağırılıp çağırılan, dövülen, ceza gören bir çocuk yaptığı davranışın bedelini ödediğini düşünür. Bu düşünce vicdan gelişimini köreltir. Bu aynı, sigaraya yasaklandığında koyulan ceza ücretine karşı kimi insanların "bu parayı öder, sigaramı içerim" yaklaşımında bulunduğu durum gibidir. "Kardeşimin canını acıttım, karşılığında annem de benim canımı acıttı, ödeştik" diye düşünen bir çocuk vicdanen kendini kötü hissetmeyecek, yaptığı davranışın suçluluğunu içinde fark edemeyecektir.

Bağırmak çocuk hak ettiği için değil, biz kendimizi iyi hissedelim diyedir

Bir insan kendini çok iyi hissettiğinde, mutlu ve keyifliyken bağırmaz. Bağırmak demek, "şu an kendimi kötü hissediyorum, içimde birikmiş öfke, kızgınlık, hayal kırıklığı var" demektir ve biz bu duyguyu sağaltmak, dışarı atıp boşaltmak isteriz. Bunun için etkili pek çok yöntem kullanabilecekken de, en ilkel olanını seçip bağırıp çağırır ve çocuğumuzu pataklarız.

Oysa çocuklar çoğu zaman bu ilkel davranışımızın sebebi de değildirler. Biz gün boyu eşimize, kayınvalidemize, patronumuza kızmış, Suriye'deki çocuklara üzülüp strese girmiş, ev işlerinden yorulup keyfimiz kaçmış bir hale geliriz ve bütün bu olumsuz duyguların sağaltım noktası olarak küçük yavrumuzu seçeriz. "Neden ödevini yapmıyorsun"la başlayan şiddet maratonunu kötü kelimeler, davranışlar, saygısız tutumlarla besleriz.

Bağırmak çoğu zaman işe yaramaz

Eğer çocuğumuza bağırma sebebimiz olumsuz davranışa son vermesini ve o davranışın yanlış olduğunu anlayıp bir daha yapmamasını sağlamak ise, o zaman bağırmanın hiçbir işimize yaramadığını biliyoruz demektir çünkü çoğunlukla çocuğumuza bir konuda bağırdıktan, hatta onu patakladıktan kısa bir zaman sonra aynı davranışı –sanki hiç onu uyarmamışız gibi– tekrar eder.

Bunun iki nedeni vardır. İlki, bir anne çocuğuna saygısızca tutumlarda bulunduğunda (yani avaz avaz bağırıp tokat attığı, cezalandırdığı anlarda) çocuğuna şu mesajı verir: "Sen böylesi tutumları hak edecek kadar kötü bir insansın!" Çocuk bu mesajı aldıktan sonra aynen annesinin umduğu gibi 'kötü' davranışlar göstermeye başlar çünkü anne demek, çocuk için 'ne diyorsa doğrudur' demektir. Annesi çocuğunun bu davranışlarını bekler bir haldeyse, çocuk da annesini yalancı çıkarmaz ve ona beklediğini verir.

İkinci önemli husus ise, çocuğun ne kadar ilgi gördüğüdür. Bir anne çocuğuna yeterince ilgi, alaka göstermiyor ama olumsuz davranışlarda bulunduğunda bağırıp vurarak ilgisini ona yöneltiyorsa, o zaman çocuk ebeveyninin ilgisini kazanmak için olumsuz davranışına devam eder. Bu bir çocukluk dramıdır. Bu yüzden olumsuz davranışı görüp cezalandırmak, bazı durumlarda o davranışı çoğaltabilen bir etki oluşturur.

Bağırmak, "seni olduğun halinle sevmiyorum" demektir

Bir çocuğun ihtiyaç duyduğu yegâne şey, olduğu gibi kabul edilmektir. Yapabildikleri, yapamadıkları, becerikli oldukları, beceremedikleri, kendine has tavırları ve olaylara bakış açıları ile her çocuk biriciktir ve ebeveyninden beklediği şey, bu biricik hallerinin kabul görmesidir. Buna, 'koşulsuz sevgi' denir. Çocuğumuz yalnız ödevini yaptığında, takdir aldığında, kardeşine iyi davrandığında ona ödüller vermek de, yanlış bir davranışta bulunduğunda bağırıp çağırmak ve cezalar vermek de çocuğumuza 'kim olduğuyla' değil, 'ne yaptığıyla' ilgili sunduğumuz sevgidir.

Ödevini yaptığında annesinin sevgisini alan çocukta "ödev yapmadığımda sevilmeyeceğim" kaygısı oluşur. Yine aynı şekilde, olumsuz bir davranışı çözmek için çocuğuyla konuşmayı, davranışın yanlışlığını anlatmayı değil de bağırıp çağırmayı seçen bir annenin çocuğuna verdiği mesaj, "bu davranışı yaptığında seni sevmiyorum" olmuş olur. Bu yüzden bağırmak, anne-çocuk sevgi kanalını tıkayan bir blokaj gibidir. Anne bağırdıkça, çocuk olduğu haliyle kabul görmediğini hisseder. Bu algı günbegün büyür ve çocuğu '-mış gibi' davranmaya yöneltir. Bu bir çocuk için büyük bir dramdır.

Bağırmak insafsızlıktır

Yıllardır annelerle ettiğim sohbetlerde şu cümleyle karşılaşıyorum: "Ben de çocuğuma bağırmak istemiyorum ama kendimi durduramıyorum, öfkemi kontrol edemiyorum." Bu cümleyi sarf eden annelere şunu soruyorum: "Eşinize, arkadaşınıza, annenize, kayınvalidenize, çalışıyorsanız patronunuza kızdığınızda da öfke kontrolünde problem yaşıyor musunuz? Onlara da bağırıp çağırıyor, hatta hırpalıyor musunuz?"

Tahmin edersiniz ki, bu soruların cevabı genellikle 'hayır' olur çünkü pek çoğumuz yetişkin hayatındaki ilişkilerimizde gayet saygın, saygılı, tahammüllü ve öfkesini kontrol edebilen yetişkinlerizdir. Ama konu çocuk olunca işin rengi birden değişir ve tüm öfkemiz, bendine sığmayan bir nehir gibi çağlamaya başlar. Bunun iki nedeni vardır ve her ikisi de kelimenin tam anlamıyla insafsızlıktır.

İlk neden, yetişkinlere güç yetiremezken, çocuklara güç yetirebiliyor olmamızdır. Öyle ya, patronuna bağırsan kovulma, eşine bağırsan karşılık görme, kayınvalidene bağırsan aile içi büyük huzursuzluklar yaşama ihtimalin vardır. Oysa öfkelendiğinde çocuğuna bağırmayı pek çok anne 'disiplin' diye adlandırıp kılıfına uydurabilmekte ve kızgınlığını kontrol etme gereği görmeden evladına boca edebilmektedir çünkü yavrusu ona güç yetiremez, annelikten kovamaz, kendisine yapıldığı gibi vurup canını yakamaz.

İkinci neden ise yetişkin dünyasında bağırıp çağıran biri olarak kabul görmemiz mümkün değilken, yani bu halde olsak sevilmeyecek ve muhtemelen yalnız kalacakken çocuğumuza bağırıp çağırsak bile onun bizi bırakıp gidemeyeceği ve anneliğimizden vazgeçemeyeceğidir. Oysa yıllardır terapi odalarında gördüğüm pek çok anne-çocuk dramında, çocuklar bedenen gitmemiş olsalar da, annelerini ruhen bırakıp gitmişlerdir ve ruhen gitmiş bir çocuğu geri döndürmek, çoğu zaman bedenen gitmiş bir çocuğu döndürmekten daha zor ve zahmetlidir.

TEHDİT ETMEYİN...

TEŞVİK EDİN...

Pandora'nın kutusunu açma zamanı: 'Neden öfkeliyiz?'

Öfkeli bir anneysek, bunun pek çok sebebi olabilir elbette. Kitabın ilerleyen bölümlerinde bu nedenleri irdeleyeceğiz. Ama oraya geçmeden önce, öfke duygusunun normal olduğunu bilmemiz gerekir çünkü öfke negatif, kötü, olumsuz bir duygu değildir. Aslında hiçbir duygu kötü değildir. Sadece duyguların 'kötüye' ve 'iyiye' kullanımları vardır.

Mesela, evinize bir hırsız girdi. Tıkırtıya uyandınız, hırsızla göz göze geldiniz ve elinize geçen bir cisimle hırsıza vurup kaçmasını sağladınız. Yani şiddet gösterdiniz. Bu senaryoda kimse size kötü yaptınız demez, bilakis canınızı, ailenizi, malınızı korumuş olursunuz. Size bu cesareti ve gücü veren duygu öfkedir.

İkinci bir senaryomuz olsun. Siz annesiniz. Mutfakta akşam yemeğini hazırlıyorsunuz, 3 yaşındaki oğlunuz pıtır pıtır yürüyerek yanınıza geldi. Annesine yardım etmek istedi. Siz "yapma oğlum" dediniz ama o, içindeki 'ben de bir bireyim' dürtüsüyle sizi dinlemedi. Tabaklara uzandı, masaya koymak isterken yere düşürdü ve kırdı. Siz bağırıp çağırmaya başladınız. "Sen ne biçim çocuksun. Sana yapma demedim mi?" dediniz. Hatta poposuna bir şaplak attınız. Çocuğunuz ağlayarak içeri gitti ve tabaklara dokunmaması gerektiğini değil, annesine yardım etmemesi gerektiğini deneyimledi. Size bunu yaptıran duygu yine öfke... Ama bu defa bu duyguyu kötüye kullandınız.

Bu senaryolar her duygu için verilebilir. Mesela kıskançlık duygusu... Birinde olan şeye "bende yoksa onda da olmasın" diye bakmak hasettir ve kişiyi yakar, bitirir. Ama "onda varsa, çalışırsam bende de olabilir" diye düşünmeye gıpta denir ve kıskançlık duygusu bu haliyle kullanıldığında kişiyi harekete geçiren bir yakıta dönüşmüş olur.

Konu annelik ve öfke denklemine gelince de durum aynıdır. Bağırmayan bir anne olmak demek hiç öfkelenmemek, öfkeyi bastırmak, her şeye Polyanna gibi yaklaşmak demek değildir. Öfkelendiğimizde bunu insani yollarla ifade etme becerisi göstermek demektir. Sadece bu bilgi bile, yani öfkelenmenin yanlış olmadığını bilmek bile, bizi daha az öfkeli yapar çünkü biz anneleri öfkelendiren sebeplerden bir tanesi, "öfkelenmemem gerektiği halde öfkeleniyorum, ben ne kötü bir anneyim" algısından oluşan 'yetersizlik' duygusudur. Şimdi bu duyguya daha yakından bakarken, biz anneleri öfkelendiren sebepleri beraberce gözden geçirelim:

Yetersizlik duygusu sizi esir mi aldı?

Bağırmayan Anneler Atölyesi'ne kayıt yaptırmak için arayan annelerin hemen hepsi şu soruyu sorar: "Bir sertifika verecek misiniz?" Pek çoğunun bu soruyu sorma nedeni, annelik yeterliliğini belgeleme ihtiyacı gibidir çünkü bir araba kullanmak için bile haftalar süren eğitim, sınav, deneme süreçleri varken, anneliğin ne bir kitabı vardır, ne de önceden alınabilecek bir diploması...

Bu yüzden kucağımızda bebeğimizle evimize geldiğimizde, bakımından beslenmesine, psikolojisinden yıkanıp giydirilmesine kadar pek çok başlıkta kaygı yaşarız. Çocuğu kendini yırtarcasına kolik nöbeti geçirip morararak ağlıyorken, onu sakinleştiremediği için çocuğuyla birlikte ağlayan annenin hissettiği duygu tam da budur, yetersizlik...

Tabii toplumsal duruşumuz da annelerin sırtındaki bu kötü kamburu besler niteliktedir. "çocuk hasta olmaz, onu annesi hasta eder", "zayıf çocuk yoktur, çocuğuna sütü yetmeyen anne vardır", "çocuk koşarken düşmez, ona iyi göz kulak olamayan annesi düşmesine neden olur" gibi pek çok inanış, biz annelerin anneliğimizi sorgulamamıza ve içten içe kendimizi sınıfta bırakmamıza yeter de artar bile.

Bu nedenle, iş hayatında ordinaryüs profesör olan bir kadın bile, annelik kariyerinde kendini yerden yere vurabilir, çocuğuna yetemeyen bir anne olduğunu hissedebilir ve çaresizlik duygusuyla baş başa kalabilir.

Psikolojinin temel bakış açılarından bir tanesi bize şunu söyler: "Eğer bir kimse herhangi bir konuda abartılı davranışlar gösteriyorsa, o konuda yetersizlik hissettiği içindir..."

Bu bağlamda, aynayı kendimize çevirip öfke davranışlarımızın nedenlerini irdelediğimizde, tam da bu nedenle altında nur topu gibi bir 'yetersizlik' duygusuyla karşılaşırız. Anneliğimizi yeterli görmeme hissi, bizi otomatik olarak strese sokar ve "hadi bakalım kontrolü eline al" dercesine bağırmak, ceza vermek, dövmek gibi davranış örüntüleri ortaya koymamıza neden olur.

Bu duygudan kurtulmanın yegâne yolu ise, hayatta yeterli olduğumuzu düşündüğümüz alanları artırmak ve kendini 'sadece' annelik üzerinden tanımlayan bir insan olmaktan çıkmaktır. Mesela, bir kadın çok güzel yazılar yazabilir. Bu konuda oldukça yeterli ve iyidir. Yazı yazdığında kendini iyi hissediyordur. O zaman yazı yazma vakitlerini gün içerisine ne denli fazla koyabilirsek, anneye o denli iyi hissettirmiş oluruz. Böylelikle gün içinde diğer rollerine karşı hevesi ve becerisi de beslenmiş olur çünkü "ben iyiyim, yeterliyim ve becerikliyim" duyguları harekete geçer.

Hayatın yükleri çok mu ağır?

Günümüzde pek çok annenin kendisini 'öfkeli' olarak tanımlamasının temel sebebi, çocuğa değil, hayata duydukları öfkedir aslında... Başına gelen imtihanlarla, zorluklarla, hayal kırıklıklarıyla baş edemeyen bir kadın, omzundaki bunca olumsuz duygunun ağırlığıyla annelik yapamamaya başlar. Öyle ki, hayatıyla kavgalı bir insan için çocuğuyla barışık olmak neredeyse imkânsız denilecek kadar zor bir şeydir. Bu yüzden hayata dair umudu, sevgisi, içten kabullenişi olmayan annelere, çocukları da âdeta bir 'yük' gibi gelir.

Çocuk cıvıl cıvıl konuşsa, "kes sesini başım şişti artık", hoplayıp, zıplıyor, koşuyorsa "otur yerinde azıcık, başım döndü", bir şey sorsa, "ne meraklı şeysin sen", bir şeyi merak etse kurcalamak istese "bırak çabuk onu, git oyuncağınla oyna yaramaz şey seni" cümleleri havalarda uçuşur. Çocuğun, çocukluğunun bir gereği olarak yaptığı bu masum davranışlar annenin gözüne batar, onu rahatsız eder. Zira annenin kabı zaten doludur. Bu nedenle çocuğunun küçücük damlaları bile kabının taşmasına neden olur. Anne kızar, anne öfkelenir, anne bağırır, anne döver...

Bu girdaptan çıkmanın yolu, kendimizden aşağıdakileri görmek ve şükrümüzü çoğaltabilmektir. Evet, hayat imtihanlarla doludur. Evet, bu imtihanlardan bazıları "ölseydim daha iyiydi" dedirtecek kadar zordur. Lakin bu imtihanları yaşarken "ahh her şey ne kadar kötü, çok mutsuzum" deyip durmak mutsuzluğu artırmaktan ve süreci zorlaştırmaktan başka bir işe yaramaz. Bunun yerine başımıza gelen her musibeti "geçecek" gözlüğüyle görmek, "bu olay bana ne öğretiyor" sorusunun peşine düşmek ve bu süreci güçlü atlatabilmek için bolca dua etmek zorluğu tamamen ortadan kaldırmasa da, üzerimizdeki etkisini azaltacak bir katkı muhakkak sağlayacaktır.

Yine Efendimiz (sav)'in **"Kendinizden aşağı olana bakın; sizden daha üstün olana bakmayın, çünkü bu (türlü hareket) Allah'ın size olan ni'metini tahkîr etmemeniz için daha muvafıktır"** (Buhari/Müslim) hadisindeki gibi, bizim olanaklarımıza sahip olmayan diğerlerini görmek ve onlara yardım etmeye gayret etmek, kendi yaşadığımız dertleri daha küçük görmemizi kolaylaştıracaktır.

Oğullarımı ağır hastalıklar sebebiyle her doktora götürdüğümde, ameliyat olmaları gerektiğinde, müşahede altında kaldıklarında ağrıyan anne yüreğime hep şunu telkin ettim: "Daha kötüsü olabilirdi, buna da şükür..." Çünkü hastaneye gittiğinizde kendinizden çok daha kötü durumda olan insanları görmüş olursunuz ve —mesela grip için— hastaneye gitmiş olmak bir şükre dönüşür.

Bu noktada slogan cümlelerimizden biri şöyle olsa yeridir; *"Mutlu insanlar hayatlarında her şey dört dörtlük olan insanlar değildir. Zorlukları gören, deneyimleyen fakat altında kalmayan insanlardır."*

Çocukluk yılları peşinizi bırakmıyor mu?

Pek çoğumuz şiddet gösteren anne-babaların çocuklarıyız. Bu bir suçlama değil, sosyolojik bir tespit sadece çünkü o zamanlar çocuğuna terlik fırlatan bir anne ayıplanmaz, babalar "kızını döv yoksa dizini döversin" empozesiyle kızlarını dövmeyi dizlerini dövmemenin önlemi olarak görürlerdi. Lakin bütün bu toplumsal gerçeğin, bizim, yani bugünün annelerinin üzerinde önemli bir tesiri oldu. Şiddet görerek, şiddet göstermeyi öğrenmiş olduk.

Bağırmak, dayak atmak, ceza vermek, azarlamak gibi davranışlar 'trans-jenerasyon' davranışlardır. Yani öğrenilirler ve nesiller boyu otomatik bir refleks olarak aktarılırlar. Dolayısıyla bugün çocuğuna dayak atan pek çok annenin, ona bu davranışı yaptıran öfkesinin sebebi, kendisinin çocukluğunda şiddete maruz kalmış olmasıdır.

Bu durumla baş etmek isteyen bir anne terapi desteği alabilir ya da kitabın ilerleyen bölümlerinde bahsedeceğimiz öfke kontrolü teknikleriyle 'öğrenilmiş öfke'siyle baş etmek için gayret sarf edebilir. Zira diğer nesillerden emanet aldığımız ve bizi olumsuz davranışlara sevk eden duygularla baş etmek, sadece kendimiz için değil, bizim davranışlarımızı modelleyerek bir kişilik örüntüsü oluşturan evlatlarımız için de çok önemlidir.

Yeterince destek alamıyor musunuz?

Bir çocuğu büyütmek, yetiştirmek ve terbiye etmek her ne kadar anne merkezli devam eden bir süreç ise de, yalnızca anneyle devam edecek bir süreç olmamalıdır. Nitekim bu ağır bir yüktür.

Günümüz apartman dairesi içerisinde, 7/24 annelik yapmaya çalışan hanımların nefes almaya, annelik kıyafetini dolaba asıp hayattaki diğer rollerini yaşamaya, zaman zaman kendileriyle baş başa kalabilecekleri sessiz ve sakin alanlara ihtiyaçları vardır. Bu yüzdendir ki, kulunun ihtiyacını kulu ihtiyaç duymadan bilen ve yaratan Allah (cc) aileyi sadece anne-çocuk olarak değil, babayla 'tamam' olacak bir sistem olarak yaratmıştır. Hatta sıla-ı rahmi farz kılarak, geniş aile modelinin anneye destek olmasına mecburi bir kanal açmıştır.

Bu noktada aile içerisinde anne başrol, baba yardımcı oyuncu değildir. Annenin bir çocuk için önemi ve gelişimsel ihtiyacı ne ise, babanın da aynı şekilde ve aynı önemdedir. Zira çocuk, annesinden farklı, babasından farklı karakteristik duruşları öğrenmelidir. Baba, hayatın sınırlarını, kurallarını ve kurallara uyma noktasında gösterilecek iradeyi temsil ederken, anne ise bu iradi sürece serpiştirilecek merhamet, vicdan ve sevgi tohumlarını ekecektir.

Tabii günümüzde 'ekmek aslanın ağzında' mottosu, beyefendileri uzun saatler süren mesailere, gece geç vakitlerde evlerine dönmeye ve dahi bazı durumlarda hafta sonları bile iş başında olmaya mecbur bırakmıştır. Evinde az vakit geçiren babalar için, çocuklarıyla beraber vakit geçirebilme hali olabildiğince zorlaşmış, bu nedenle tüm yük annenin omuzlarına kalmıştır. Şunu söylemek gerekir ki, hiçbir anne, babanın yerini, hiçbir baba da annenin yerini dolduramaz. Baba ayrıdır, anne ayrıdır. Bu nedenle, uzun iş saatleri olan babalar muhakkak çocuklarının gelişimindeki önemi fark etmeli ve evde oldukları vakti iyi planlayarak, zamanlarını eşlerinin ve çocuklarının duygusal kaplarını doldurmaya ayırmalılardır. Özellikle erkek çocuklarının 'cinsel kimlik kazanma' dönemlerinde rol model olarak ihtiyaç duydukları baba figürü çok önemlidir.

Bununla birlikte aile büyükleri de anneler için ehemmiyetli bir yardım kanalıdır. Birlikte değilse de, yakın oturmayı tercih etmek, anne ihtiyaç duyduğunda kendi annesine veya kayınvalidesine torununu emanet edebilme konforunu da ortaya çıkarmış olur. Böylelikle çocuklar geniş aile modeli içerisinde sosyal becerilerini geliştirerek ve problem çözme kanallarını maksimum seviyede kullanarak büyümüş olurlar. Anneler de kendileriyle baş başa kalmak istediklerinde, çocuklarını yabancı bir bakıcıya emanet etmenin rahatsızlığından, canı-kanı olan anneannesine/babaannesine bırakabilmenin konforuna kavuşurlar. Bu rahatlık başlı başına bir öfke kontrol yöntemidir.

Anne olmayı istemiş miydiniz?

Anne olmak, bir kadının hayatını başlı başına değiştiren ömürlük bir sorumluluğun adıdır. Uyku düzeninden sosyal hayata, kariyer planından ev hanımlığına kadar hemen her şey, anne olduktan sonra yerinden oynayıp minik bebeğin yaşam döngüsüne göre yeniden yapılandırılmış olur. Bu kolay bir süreç değildir. Önceden bilinmesi, istenmesi ve hayal edilmesi gereken bir dönemeçtir.

Atölyelerde sıklıkla bahsettiğim bir anımı paylaşayım sizlerle. Büyük oğlumun travmalarla dolu doğumunun ardından, 2,5 yıl ağır bir panik atak rahatsızlığı yaşadım. O süreçte gittiğim bir doktor bana şunları söyledi:

"Panik atak, kayıp süreçlerinde ortaya çıkar. Mesela bebeğiniz olur kaybedersiniz, panik atak gelir. Kariyeriniz, paranız vardır iflas edersiniz, panik atak gelir..."

Bu tanımın ardından merakla sordum; "Ama ben anne oldum, bir şey kaybetmedim ki?"

Doktorumun verdiği cevap, tüm annelik sürecinin psikolojik altyapısını özetler gibiydi: "Özgürlüğünüzü kaybettiniz..."

Hakikaten annelik, altına imza attığımız ve 7/24 devam ettirdiğimiz ömürlük bir sorumluluk gibidir. Bu nedenle eğer bu sürece hazırlıksız yakalandıysak, beklemediğimiz bir anda annelik haberini aldıysak bir bocalama yaşamamız normaldir. Hakeza, bir bebek beklerken ikiz ya da üçüz haberi almak yine anne adayını çaresiz, bocalamış ya da yetersiz hissettirebilir. Bu duygulanımların hepsi doğal ve insanidir, lakin önemli olan, duygu durumumuzu kontrol edebilme becerisi göstermemizdir. Nitekim, "ben anneliğe hazır değildim, şimdi işim gücüm ne olacak, hayatım bitti mahvoldum" gibi yakınmalar süreci kolaylaştırmayacak, bilakis bir birimlik yükümüzü yüz birim ağırlığına sokacaktır. Ağır yükler altına giren duygu dünyamızda da öfke patlamaları yaşanacaktır.

Eğer hazır olmadığımızı düşündüğümüz bir vakitte annelik müjdesi aldıysak, bebekli hayatın olumlu yönlerini hayal ederek, kendimizi motive ederek sürece adapte olmaya çalışmak yapılacak en doğru davranıştır. Nitekim anne karnındaki bir bebeğin 'istenen' ya da 'istenmeyen' olması, o bebeğin tüm yaşamına tesir edebilecek duygusal yükler oluşturabilecek boyuttadır.

Eşinizle problemler mi yaşıyorsunuz?

Bir annenin tüm duygu rezervlerini açarak ve kendini sürecin içine akıtarak annelik yapabilmesinin önemli şartlarından biri, eşiyle olan iletişimidir. Nitekim kadınlar duygusaldır. Eşiyle problem yaşayan bir annenin aklı, yüreği, duyguları genellikle bu sorunlu alana takılıp kalır. Eşiyle yaşadığı sıkıntılardan zor nefes alır hale gelmiş olmak, çocuğunun minnacık çocukluklarına tahammülsüz davranmasına neden olur. Hatta ihtimaldir ki, içgüdüsel bir yönelimle eşi için biriktirdiği öfkeyi çocuğuna boca eder.

Bu nedenle bir baba bilmelidir ki, çocuğu için yapabileceği en iyi şey çocuğunun annesini mutlu etmektir. Annenin annelik yüklerine bir de evliliğe dair zorluklar ilave etmemektir. Zira Deneyimsel Oyun Terapisini terapi ekollerine kazandıran Byron'ın da dediği gibi, bir çocuğun üç ebeveyni vardır: Annesi, babası, annesiyle babasının ilişkisi... Her anne-baba bu bilinçle karıkoca ilişkisini, anne-baba ilişkisine zemin olacak güzellikle inşa etmeye gayret göstermelidir.

Her şey sizin dediğiniz gibi olsun mu istiyorsunuz?

Biz anneleri öfke girdabına sürükleyen nedenlerden biri de 'benmerkezci' olmamızdır. "Her şey benim dediğim gibi olsun" gayreti, anneyi evladına karşı savaş açmak durumunda bırakan yegâne içsel yönelimdir. Nitekim hiçbir çocuk, annesine mutlak itaat etmez, etmemelidir çünkü çocuklarımızın da, aynı bizim olduğu gibi, farklı kararları, kişilik yapıları ve ilgi alanları vardır.

Mesela, bir anne bir pedagoji kitabında, "çocuklar günde 12 saat uyumalıdır" gibi bir cümle okusa ve fıtraten uykuya çok düşkün olmayan evladını uyutmak için kızgınlıkla sallayıp duruyor olsa, hem kendini yoracak, hem de çocuğunun yaratılış programıyla durduk yere çatışma yaşayacaktır. Oysa anneliğin temel duruşu çocuğu kitabına uydurmak değil, çocuğun var olan fıtrat kitabını sayfa sayfa okumaktır.

Tabii bu, çocuklara hiç kural konulmasın, bildikleri gibi yaşasınlar, sınır tanımasınlar demek değildir. Elbette ebeveynlik görevlerinden bir tanesi çocuğun zarar görmemesini sağlamak adına doğru sınırlar koymaktır. Lakin uyku saati, yemek porsiyonu gibi *fıtri'* ihtiyaçlar için katı sınırlar çizmek ve çocuğun bu sınırlara harfiyen uymasını beklemek anne-çocuk çatışmasının pimini çekmiş olacaktır.

Yine bir anne arkadaşlarıyla geçireceği bir günü, çocuğuyla geçireceği bir güne tercih ediyorsa ya da eşiyle "yeter artık bıktım, çocukları bugün de sen yatır" tarzı 'çocuğu yük addetme' cümleleriyle çekişiyorsa, o zaman çocuklu bir hayatın gerçekleriyle barışamamış demektir. Bu da anneyi yorar ve sinirlendirir.

Uykunuzu alabiliyor musunuz?

Öfkeli ve tahammülsüz anneliğin önemli sebeplerinden biri de uykusuzluktur. Uykusuz bir insan enerjisini yukarıda tutmakta, konsantre olmakta, sorumluluklarıyla ilgilenmekte zorlanır. Bu çok insani bir durumdur. Özellikle bebeklerin yoğun süt emdikleri ilk aylar ve uyku düzenlerinin oturmadığı hayatın ilk üç yılında, anneleri düzensiz uykular ve çoğunlukla kısa saat aralıklarıyla uykuyu bölen bebeksi ihtiyaçlar bekler. Bazen de çocuk büyüdüğünde bile çocuktan önceki hayatın alışkanlıklarını devam ettirmek isteyen anneler gece geç vakte kadar oturmak isteyebilirler.

Oysa bir annenin 'bağırmayan anne' olabilmesi için istirahat edebilen anne olması şarttır. Özellikle gece uykularının bölündüğü dönemlerde, annenin ev işlerini yetiştirme telaşından çıkıp olabildiğince, 'kaylule' denilen öğle uykularını uyumaya gayret etmesi gerekir. Yapılan bilimsel araştırmalar gösterir ki, gece çok az uyuyan bir insan, öğle sonrasında sadece yarım saatlik bir uykuyla bedensel dinlenme ihtiyacını karşılayabilmektedir.

Bu bağlamda bakıldığında, 'uyku'dan ve 'dinlenme'den ne anladığımız da büyük önem kazanır. Mesela bir anne "ben hiç uyuyamıyorum" dediğinde, "normalde kesintisiz 9 saat uyumam lazım ama bebeğim yüzünden 5 saat uyuyabiliyorum" demek istiyorsa, sorun annenin uykuya bakış açısındadır. Zira bir yetişkin gece toplam 5 saat uyumuş olsa, bu sağlık açısından yeterli bir uykudur. 5 saatlik uykuya öğle sonrasında eklenecek yarım saatlik 'kaylule' uykusuyla birlikte, anne, ihtiyacı olan dinlenmeyi sağlamış olacaktır.

Günü planlıyor musunuz?

Bir anneyi öfkelendiren temel duyguların yetersizlik ve çaresizlik olduğundan bahsetmiştik. Bize bu duyguları yaşatan önemli bir sebep, plansız yaşıyor olmamızdır. Plansız yaşam, insanın motivasyonunu kırar. Enerjisini düşürür. Önünde yapacağı işlerin zihni haritası bulunmayan bir anne, tüm gün koşuşturuyor ama hiçbir şeye yetiştiremiyor duygusuna kapılır.

Oysa bir gün önceden ertesi gün yapacağı işleri madde madde ufak bir kâğıda not etmiş olsa, hem ertesi gün işleri için ne kadar zaman ayırması gerektiğini bilmiş olacak, hem de çocuğuyla geçireceği vakitleri daha nitelikli bir biçimde planlama şansı yakalayacaktır. İşleri bittikçe yanına koyduğu işaretlerle 'bir işi tamamlama'nın verdiği başarı duygusuyla tanışmış olacaktır. Böylelikle hayata karşı enerjisi ve motivasyonu artar. Kendine güveni tazelenir. Zira bir işi başarabilmenin ilk şartı, o işi başarabileceğimize olan inancımızdır.

Ev işlerini ne kadar önemsiyorsunuz?

Yıllar süren mesleki hayatımda anneleri çocuklarıyla çatışma haline sokan konulara baktığımda karşıma çoğunlukla 'ev işleri' çıktı. "Evi dağıtmasana", "yere dökmesene", "koltuğun tepesine çıkıp kırlentleri bozmasana", "yatakta zıplamasana" gibi pek çok anne cümlesinin altında tek bir cümle gizliydi aslında: "Beni ev işleriyle uğraştırma!"

Anne olduktan sonra vazgeçtiğim hayallerden ilki, mum gibi bir evde yaşamak oldu çünkü çocukların olduğu bir ortamın dağılmaması demek, çocuklar kurcalamıyor, merak etmiyor, öğrenmiyor, dolayısıyla gelişmiyor demekti. Ya derli toplu bir evim olacaktı ya da zeki ve mutlu çocuklarım. Ben tercihimi ikinci şıktan yana kullanmayı seçtim.

Tabii bu tercih evimizin sürekli dağınık olduğu, her yerin kir pas içinde kaldığı bir portre oluşturmadı. Evi topladım ama çocuklar oynarken değil, oyunları bitince topladım. Hatta birlikte toplamayı bir oyuna, keyifli bir paylaşıma dönüştürüp sorumluluk bilinci oluşturmak için emek harcadım. Temizliği, silip süpürmeyi her gün değil, birkaç günde bir ihtiyaç oldukça yaptım. Bu kararımı hayata geçirirken içimde dırdır eden ev hanımının kulağına da usulca şunu fısıldadım: *Yıllar sonra hiç kimse evinin derli toplu olup olmadığından bahsetmeyecek ama mutlu ve huzurlu yetişmiş bir çocuk uzun yıllar bahsedilecek başarıların tohumlarını ekecek..."*

Kayınvalidenizle mi yaşıyorsunuz?

Elbette her kayınvalide, toplumsal algımızda olduğu gibi kişiye olumsuz tesirler yaşatmaz. Bilakis çok yardımcı, ağzı dualı, gelinini öz kızından ayırmayan 'kaim' valideler de vardır. Bu başlığı koymaktaki amacımız da, sadece kayınvalidelerin değil, anneliğimiz üzerinde etkisi olan üçüncü şahısların ruh halimizdeki yansımalarını fark edebilmektir.

Bazen öfkeli oluruz, çünkü 'el âlem' ne der diye fazla umursuyoruzdur. Belki bir aile apartmanında yaşıyor olmamızın getirdiği sorumluluklar belimizi bükmüştür ya da belki hayatımızda 'arkadaş' vasfıyla bulunan insanlar omzumuza gereksiz yükler yüklüyorlardır da, farkında değilizdir.

Çocuğu oldukça hareketli, enerjik bir arkadaşım vardı. Haliyle enerjik bir çocuğun enerjisine ayak uydurmak bedensel olarak onu oldukça yoruyordu. Bir gün, yakın arkadaşım dediği başka bir annenin de olduğu bir ortamda bir araya geldik. Arkadaşım oğlunun hareketliliğinden bahsederken, yakın arkadaşı onu tasdik eder şu cümleleri kurdu:

"Zaten nasıl yapıyorsun bilmiyorum? Benim böyle bir çocuğum olsa dayanamaz döverdim herhalde..."

Bazen tamamen iyi niyetle (!) söylenmiş sözlerin karşımızdaki kişide oluşturduğu tesiri fark edemeyiz. Sözüm ona destek oluyoruz sanırken, belki de o annenin çocuğunu bir 'yük' gibi görmesine neden olmuş olabiliriz. Bu nedenle arkadaş çevremizi doğru oluşturmak kadar, etrafımızdaki kişilerden fazla etkilenmeyecek bir ruh durumunda bulunmak da oldukça önemlidir.

Şu an 50'li yaşlarında olan komşumuz Ayşe Hanımın kayınvalidesiyle yaşadığı hikâye bunun için güzel bir örnektir. Ayşe Hanım 18 yaşında evlenmiş, iki yıl arayla üç erkek evlat annesi olmuştur. Kayınvalidesi ise akli sağlığı yerinde olmayan ama çocukları hastanede tedavi görmesi için ikna edemediğinden Ayşe Hanımlarla birlikte yaşayan yaşlı bir hanımdır. Gelin hikâyenin devamını Ayşe Hanım anlatsın:

"Kayınvalidem sürekli çocuklarıma terbiye veremediğimden, şımarttığımdan, tepeme çıkardığımdan dert yanardı. Beni tahkir eder, kışkırtır, ben de onun sözlerinin etkisinde kalıp oğullarıma şiddet uygulardım. Bir gün yine kayınvalidemin sözüyle çocuğumu döverken, önümüzdeki aynadan arkamızda duran kayınvalideme gözüm ilişti. Ben küçücük çocuğa şiddet uyguluyor, kayınvalidem bizi izleyip keyifle sırıtıyordu. O an başımdan aşağı kaynar sular döküldü. Akıl hastası bir insanın sözüyle evlatlarıma zulmettiğim için yıllarca vicdan azabı çektim. O gün bana büyük bir ders oldu, çocuklarıma bir daha katiyetle vurmadım, hele ki başkasının sözüyle..."

Her ne kadar bu hikâyede akıl hastası birinden bahsetsek de, etrafımızda çocuğumuzla aramızı açan cümleler sarf eden her kişi için takınmamız gereken tutumun güzel bir örneğini görürüz. Bilerek ya da bilmeyerek bizi olumsuz duygulanımlara yönlendiren kendi annemiz, komşumuz, arkadaşımız da olsa unutmamamız gerekir ki, çocuğumuzla ilişkimiz yalnız çocuğumuzu ve bizi ilgilendirir. Bu konuda konuşmak kimsenin üzerine vazife değildir. Annelik üzerine tavsiye verenlerin öğütleri ise, bizim annelik süzgecimizden ve vicdan eleğimizden geçtikten sonra evladımıza uygulanmalı ya da yuvamızın fersah fersah uzağında bırakılmalıdır.

ÇOCUĞUNUZ SİZE 'HAYIR' DİYEMEZSE...

BAŞKALARINA DA 'HAYIR' DİYEMEZ...

Öfkemi nasıl kontrol ederim?

Anneler bana öfkelerinden bahsettiklerinde, farkında olmadan birden gelmeyip yavaş yavaş büyüyen bir duygu durumunun resmini çizerler. "40 kere söylüyorum, yapmıyor, sonunda çıldırıyorum" demek, "40 kere söylerken öfkem kontrol altında ama 41'incide artık kendimi tutamıyorum" demektir. Öfkenin seyri gerçekten böyledir: Ufak bir mide yanması, kalp sıkışması, kasların kasılması, terleme gibi işaretlerle başlar ve eğer kendimizi sakinleştirmezsek "gözüm dönüyor, o anda ne yaptığımı bilmiyorum" dediğimiz seviyeye gelir.

Bu bağlamda öfkeyi kontrol etmenin ilk adımı, öfkenin geldiğini fark edip, hiçbir davranışta bulunmadan önce çocuğumuzla aramıza mesafe koymaktır. (Biz çocuk diyoruz ama yetişkin iletişiminde de durum aynıdır.) Bunu yapmak için de ortamı değiştirmek ve kendi sükûnetimizi sağlayacak şeylerle meşgul olmak en iyisidir. Birçok anne gözü dönmüş bir öfkeye kapılıncaya dek önlem almaz. Ne yazık ki sonuçta da bağırmaktan kızarmış bir surat, şiddet ve acıyan kalpler olur. Oysa bir anne kızdığı an çocuğuyla arasına mesafe koysa ve ortamı değiştirse iki şeyi sağlamış olacaktır: İlki, çocuk annesinin kızdığını fark edecek ve yaptığı davranışın yanlışlığı üzerine düşünme fırsatı bulacaktır. İkincisi ise, anne kendisini kızdıran olayla aklıselim bir duruşla yüzleşmek ve gereğini yapmak için sakinleşme zamanı kazanmış olacaktır.

Biz ebeveynlerin temel algısı, "hemen cevap vermeliyim", "hemen müdahale etmeliyim" üzerinden gider. Kriz yaşarız ve o anda karar vermeye çalışırız. Oysa öfke gibi, bir kriz anında durmak, sakinleşmek ve sonrasında olayla yüzleşmek en doğru harekettir.

10 yaşındaki oğlum Enes futbol oynamayı çok sever. Ben de oynayabilmesi için elimden geldiğince ona alan açmaya çalışırım. Evimizde az eşya olması, kırılacak eşyaları ortadan kaldırmamız, çocukların odasına ranza alıp oyun alanını genişletmemiz gibi tedbirler, özünde her iki çocuğumuzun da evin her odasında rahatlıkla oynayabilmesini istememizden kaynaklanır. Yalnız ev içinde önemli bir kuralımız var: Salonda ağır topla futbol oynamak yok çünkü aynaya, televizyona ya da içinde çiçeklerimizin olduğu saksılara çarpabilir ve zararlı olabilir. Geçtiğimiz hafta Enes'i elinde meşin topla salona giderken gördüğümde tek bir şey söyledim: "Oğlum, kuralımızı biliyorsun. Salonda top oynamak yok." Tamam, der gibi başını sallayınca ben de kendi işime döndüm. Ta ki iki dakika sonra salondan gelen cam kırılma sesiyle irkilene dek. Salona gittiğimde yan yana duran saksılardan ikisi tuzla buz olmuştu. Yerler toprak içindeydi. Çiçeklerimizden birinin dalı kırılmış, diğerinin çiçekleri dağılmış durumdaydı. O manzarayı görünce öfkelendim, hem de çok. Enes'e dönüp, "Hemen odana git!" dedim. Amacım kırıcı bir şey söylememek adına zaman kazanmaktı, tabii bir de enkazın içinden kurtarabildiklerimi kurtarmak! Seramik vazonun keskin parçalarını çöpe attıktan sonra Enes'in yanına gittim. Gözlerine bakıp, "Kuralımızı biliyordun, o kural böyle bir şey yaşamamamız için vardı" dedim. Özür diledi, kendini tutamadığını söyledi, bir daha olmayacağına söz verdi.

Ben, çocukların yaptıkları hatanın sonucunu yaşamalarını ve pişmanlıklarını hissetmelerini önemserim çünkü bu şekilde doğruyu bulabilirler. Bu tarz olaylar sonrasında bir çocuk için, annesinin kızdığı şeyin 'kendisi' değil, 'davranışı' olduğunu anlaması da oldukça önemlidir. Nitekim hiçbir anne bir saksı kırıldı diye çocuğundan nefret etmez ama saksıyı kıran yanlış davranıştan nefret etmemizde bir sorun yoktur.

Beraberce çiçeklerimizi boş yoğurt kovalarına ektik. Sonraki günlerde Enes'in harçlığından kesilmek kaydıyla yeni saksılar aldık ve çiçeklerimizi o saksılara geçirdik. Oğlum bu olayda kurallara uymanın önemini, hatasının bedelini ödemeyi ve bir öfke anında yapıcı olmayı öğrendi. Öfkemi bağırarak ifade etmiş ya da çocuğumu dövmüş olsaydım inanıyorum ki bu derslerin biri bile alınmış olamayacaktı ve yine ilk kriz anında acelece bir söz söylenmiş ya da yanlış bir davranışta bulunulmuş olsaydı, muhtemelen öfkeyle kalkanın nasıl zararla oturduğunu yaşayarak görmüş olacaktık.

Bu yüzden öfkeyle baş etmenin ilk adımı, *durmaktır.* Öfkeyi soğutmak ve sakinleşmek için kendimize zaman tanımaktır.

Bu noktada bazı anneler, "Ben ortam değiştirsem de öfkem geçmiyor. İçeri odada kendi kendimi yiyip bitiriyorum, hatta daha da öfkeleniyorum" derler. Bunun nedeni ortam değiştirdikten sonra 'sakin olmaya' değil, 'öfkeli olduğumuza' odaklanmamızdır çünkü "şu an çok öfkeliyim, gitti güzelim saksılar, ya televizyona gelseydi, bak görüyor musun hiç söz dinliyor mu bu çocuk" diye düşüncelere girmek, bırakın öfkemizi söndürmeyi, bilakis daha da alevlendirir. Ortam değişikliğinin ardından yapmamız gereken şey *'dikkatimizi dağıtmak'*tır. Bunu 50'ye kadar sayarak, sevdiğimiz bir şarkıyı mırıldanarak, sohbeti bize iyi gelen bir arkadaşımızı arayarak, Kur'an okuyarak, abdest ve ya duş alarak yapabiliriz. Bu süreçte derin nefesler alarak öfke anında hızlanan nefesimizi normale döndürebiliriz. Sadece doğru yapılmış bir nefes kontrolü bile, öfkenin sakinleşmesi için bize ihtiyacımız olan zamanı tanıyacaktır.

Yıllar önce bir hocamız, *"Kriz anında karar vermeden, konuşmaya başlamadan ve herhangi bir davranışta bulunmadan önce kendinize 3 derin nefes alma zamanı tanıyın. Eğer 3 derin nefes alır ve sonra karar verirseniz, görürsünüz ki ilk anda alacağınız her karardan daha doğru hareket etmiş olursunuz"* demişti. Annelik seyrimde sıklıkla kullandığım bu tekniğin hep faydasını gördüm çünkü biliyorum ki, öfke anında doğru karar vermem veya doğru davranmam oldukça zor. Bu yüzden yanlış bir şey yapıp günlerce vicdan azabı çekmektense, kendimize 3 nefeslik alan açmak daha akıllıca...

Parktaki o anne yoksa siz misiniz?

Parka gittiniz. Karşınızda bir anne oturuyor. Elinde cep telefonu, sosyal medyada geziniyor. Tahminen 3-4 yaşlarındaki çocuğu kaydırağa çıkmış, "Anneee, bak kayıyorummm" diye bağırıyor heyecanla. Anne başını kaldırıp, "Aferin, dikkat et düşme" diyor. Çocuk kaymaya gidiyor ama annesinin ilgisini yeterince çekemediğini düşünüyor. Kaydıktan sonra başlıyor hızla koşmaya. Heyecanla, "Bak anne, uçuyorum, uçak oldum ben" diyor. Anne yine başını kaldırıp cevap veriyor, "Aferin, dikkat et düşme"... Çocuk yine annesinin ilgisini çekemediğini hissederek koşmaya devam ediyor ve beklenen oluyor, çocuk düşüyor ve ağlamaya başlıyor.

Şimdi anneye bakalım, anne şu an ne yapıyor? Bu senaryodaki anne, öfkeyle ayağa kalkıyor. "Ben sana dikkat et demedim mi, sakar, ya bir şey olsaydı, hiç sözümü dinlemiyorsun, bir daha düşersen sana ne yapacağımı görürsün..." diyerek çocuğunu yerden kaldırıyor. Bir yandan üstünü silkelerken, bir yandan söylenmeye devam ediyor. Anneye bakıyorsunuz, çocuğunun üzerini mi temizliyor, yoksa dövüyor mu anlamaya çalışıyorsunuz. O denli hoyrat, o denli hırpalar bir halde. Çocuğu ağlamaya devam ediyor, şimdi deminkinden biraz daha fazla üstelik. Anne, "sus bakayım, kendin düştün bir de ağlıyorsun" diyor. Çocuk susmayınca, söylenerek onu parktan eve doğru sürüklemeye başlıyor. İşte burada, tam bu noktada esas soru geliyor: Bu anne siz olabilir misiniz?

Öfke öyle bir duygudur ki, öfkelendiğimiz anlarda, yaşarken farkında olmadığımız ama mümkün olsa ve kendimizi dışarıdan izlemiş olsak kendi halimizden korkacağımız şeyler yaptırabilir bize... Öyle ya, zor yemek yiyen çocuğuna bir kaşık daha fazla yemek yedirmek için kırk takla attığını düşünen bir anne, dıştan bakınca bir kaşık çorbayı eline almış, çocuğunun üstüne çullanmış, zorla kafasını tutmuş ve kıpkırmızı bir suratla bağıra çağıra çocuğuna yemek veriyor gibi gözükebilir. Bu nedenle öfke kontrolünün önemli bir adımı *dış görü* sağlamaktır.

Dış görü dediğimiz şey, "yaptığın davranışlara dışardan bir bak, kendini bir başkasının gözünden seyret" demektir. Çocuğumuzla kriz yaşadığımız anlarda verdiğimiz tepkiler neler? Bağırmak, tehdit etmek, kaşlarımızı çatıp en tiz sesimizi takınarak "aptal, geri zekâlı" gibi hakaretler yağdırmak...

Bu tepkileri veren kişi biz değil de yan komşumuz olsaydı, yani yan komşumuzu küçük kızının üstüne yürürken, ona vururken, "bıktım artık senden geri zekâlı" diye bağırırken görseydik, o manzara karşısında neler hisseder ve komşumuzun anneliği hakkında neler düşünürdük?

İşte bizler de bu davranışları yaparken öyle gözüküyoruz ve komşumuz için düşündüklerimizin çok daha derinini çocuğumuz 'annelik' algısı içerisinde kaydediyor. Yavrumuzun şu an hissettiği olumsuz duygular, ileride, büyüyüp bir yetişkin olduğunda ve herhangi bir ortamda 'anne'sini hatırladığında içine akan duygular olacak. Yıllar sonra bir terapist koltuğunda "haydi çocukluğuna dönelim" cümlesini duyup, o yıllardan öfkeli, kızgın bakışlı, tahammülsüz bir anne resmi çıkarmasına yol açacak. Tabii biz bu davranışlarımızı sürdürürsek...

Ne umduk, ne bulduk?

Biz kadınlar küçük bir kız çocuğuyken bebeklerimizle oynamaya başlarız. Bu oyunlar, içgüdüsel olarak yaptığımız bir annelik provasıdır aslında. Küçücük yaşlardan itibaren anneliği 'oynamak', zamanı gelince anneliği 'yaşamamızı' kolaylaştırır. Lakin bu sürecin kendi içinde sıkıntılı bir imtihanı vardır.

Küçüklükten büyütmeye başladığımız annelik imgesi, zihnimizde bir imge bebek oluşturmaya başlar. Daha anne olmadan hayalimizdeki anneliği ve hayalimizdeki bebeği doğurup büyütmeye başlarız. Kaşıyla gözüyle, kızıyla erkeğiyle, doktoruyla mühendisiyle, doğmamış çocuğa biçilen pek çok don oluşur zihnimizde... Özellikle toplumumuzda çocuklarımızdan beklentilerimiz oldukça büyümüş halde anne-babalığa adım atarız. Daha bebeğimiz doğmadan (hatta bazen evlenmeden bile önce) çocuğumuzun cinsiyeti, mesleği, yetenekleri konusunda öngörülerimiz oluşur. "Bizim ailede doktor yok, inşallah doktor olur", "erkek olsun ki, soyumuz yürüsün", "kız evlat has evlat", "ben yapamadım çocuğum yapsın" gibi cümleler bu topraklara oldukça tanıdık cümlelerdir. Oysa hiçbir çocuk dünyaya anne-babasının beklentilerini karşılamak ya da duygusal ihtiyaçlarını gidermek üzere gelmez ve dahi çocuklar anne-babalarının hayatının devamında değil, kendi hayatlarının başındadırlar.

Bu algılar ve beklentiler, hayatın doğal akışına uymadıkları ölçüde bizleri öfke girdabına sokar. Beklentilerimiz gerçeklerden ne denli uzak ve ütopikse öfkemizin şiddeti de o denli derin ve yıkıcı olur. "Bu kızla evlenmezsen sana sütümü helal etmem", "Ben seni ressam olasın diye mi büyüttüm, mimar olacaksın yoksa karışmam", "Bak, büyüt, gitsin başka şehre yerleşsin" gibi cümleler alttan alta "senden beklentilerim vardı ve sen bunu karşılamadın" serzenişleridir.

Tabii bunlar büyük beklentiler ve çocuğumuzun hayatına yön verme çabamızın büyük resimdeki görüntüleridir. Bunların çok daha gündelik olanları da vardır ki, bu gündelik beklentiler gündelik öfkelerimizin de mayası gibidir.

Mesela bir anne düşünelim. Birbirine yakın yaşlarda ama farklı fıtratlarda üç çocuğu olsun. Çocuklarından biri uykuyu seven, sorunsuz uykuya geçen, diğeri annesi onu ayağında sallamadan uykuya geçemeyen, bir diğeri fıtraten az uyku isteyen bir çocuk olmuş olsa ama bu farklılıklara rağmen anne, zihninde standart bir uyku vakti belirlese ve "çocuklar saat 9 olduğunda uyumuş olacaklar" gibi bir şablon oluştursa, muhtemeldir ki saat 9 olduğunda öfkelenecektir çünkü çocuklarının biri uyumuş olacak, diğeri uyumak için yanında annesini isteyecek, anne ikinci çocukla ilgilenirken üçüncü çocuk uykusu gelmediği için televizyonda çizgi film izliyor olabilecektir. Oysa uyku gibi 'fıtrî' bir yönelim için anne zihninde daha esnek bir planlama yapmış olsa, örneğin çocuklarını ihtiyaç duyduğu saatte yatağa gitmeye teşvik etse, zihni olarak da "uyku saati 9-10.30 arasındadır" gibi geniş bir çerçeve çizse, aynı çocukların aynı davranışları anneyi germemiş, öfkelendirmemiş olacaktır.

Çünkü -meli, -malı cümleleri insanı esneklikten uzaklaştırır. Çocuklar yemek yerken sofradan kalkmamalı, gece kesintisiz uyumalı, annesinin her dediğini yapmalı, saat 9 olduğunda yatmalı, oyundan sonra oyuncağını toplamalı, odasını hep derli toplu tutmalı... gibi zihni inanışlarımız ne denli çok olursa, o denli çok gerginlik yaşama ve öfkelenme olasılığımızı o kadar çok artırmış oluruz.

Çocuğum okula ilk başladığı aylarda, pek çok anne gibi zihni düşünce kalıbım "eve geldiğinde ilk iş ödevler yapılmalı" idi. Oysa oğlum eve geldiğinde, hiç de öyle "ödevimi yapayım" hevesinde görünmezdi. Ne zaman ödev desem, o başka başka tekliflerle çıkardı karşıma: "Kurabiye yapalım anne, çişim geldi anne, futbol oynayalım anne, çizgi film izleyelim anne..." O böyle yaptıkça ben gerilir, işin sonunda kendimi öfkeli bir halde "Çabuk ödevinin başına" derken bulurdum.

Bir gün oğlum okuldayken kendi kendime düşündüm: "Oğlum 5'te eve geliyor, 9.30'da uyuyor. Eve geldiğinden itibaren 4.30 saatimiz var. Sabah 7'de kalkıyor, 12'de okula gidiyor. 5 saat de okul öncesinde vakit var. Ödevini hemen yapmasa, akşam 8'de yapsa ne olur? 9'da yapsa ne olur? Sabah yapsa ne olur? Neden illaki gelir gelmez, ilk iş olarak yapmak zorunda?"

Bu soruları kendime sorduğumda, altta yatan temel motivasyonun şu olduğunu fark ettim: "Hemen ödevin başına oturan, gündemi-önceliği ödev olan bir çocuk 'başarılı ve çalışkan' bir çocuktur. Ben de böyle gözüken bir çocuğun annesi olmak isterim. Bu beni mutlu eder." (Farkındasınız değil mi, çoğu zaman koyduğumuz kurallar çocuğumuzun iyiliğinden çok kendi iyiliğimiz için... Yoksa ne var çocuk ödevini ertesi gün sabah yapsa?)

Bu farkındalık beni "ödevini yap" diyen bir anne olmaktan kurtardı. Ödev, çocuğumun sorumluluğuydu ve istediği saatte yapabilirdi. Planlama ona ait olmalıydı. Elbette küçük bir çocuk, bir yetişkin gibi bazı şeyleri öngöremeyebilirdi ve ben rehberlik eder, destek olurdum. Ama destek olmaktan öteye geçen her hareket, çocuğumla iletişimimi kısırdöngülere sokardı. Bu nedenle zihnimdeki algıyı değiştirdim. Eski -meli, -malı algısının yerine şunu koydum: "Ödevler okula gitmeden önce istenilen saatte yapılabilir."

Bizi rahatlatan dil kalıbı -arsa, -erse kalıbına uygun olanlardır.

"Çocuğum 9'da yatarsa...", "Bu gece hiç uyanmadan uyursa...", "Yemeğini itirazsız yerse...", "Ödevini erkenden yaparsa"...

Çünkü -ebilir, -abilir tanımlı cümleler zihnimizde *'olasılık'* algısı oluşturur. "Çocuğum ödevini erkenden yaparsa..." demek, yapmayabilir de demektir. Bu da bizi diğer senaryoya hazırlıklı kılar ve olaylar için bir B planımız olmasını sağlar. Bu bakış bizi seçeneklerimizi düşünmeye teşvik eder...

Gelin seçeneklerimizi gözden geçirelim...

Yıllar süren terapi eğitimlerinde öğrendiğim ve terapi çantama attığım en kıymetli cümlelerden biri şuydu: *"Seçeneklerimizi değerlendirelim..."*

Mesele ne olursa olsun, durumu gördükten sonra yapılabilecek ve insanı çözüme taşıyacak yegâne soru budur zira. *"Bir kriz yaşıyorum, şimdi olaya dışardan bakayım ve yapabileceklerimi düşüneyim."* Bu o kadar çözüm odaklı, o kadar olgun bir davranıştır ki, pek çok insan hayatı boyunca bu soruyu kendine hiç sormaz. Diğer seçeneklerinin ne olduğunu önemsemeden, aklına ilk gelen tepkiyle hareket eder. Konu çocuk olunca, bu ilk tepki çoğunlukla vurmak, bağırmak, ceza vermek, tehdit etmek gibi ilkel ve yıkıcıdır.

Oysa 'şiddet' bir seçenek değildir, olmamalıdır. Biz anneler çocuğumuzun davranışları karşısında yapabileceklerimizi değerlendirirken, en saçma seçeneğin bile şiddet göstermekten daha olumlu sonuçlar doğuracağını bilmeliyiz.

Mesela, ödevine bir türlü oturmayan çocuğumuzu ele alalım ve seçeneklerimizi düşünelim.

Neler yapabiliriz?

Ne istediğimi doğrudan söyleyebilirim: "Hemen, şimdi ödevinin başına oturmanı istiyorum."

Ne hissettiğimi söyleyebilirim: "Ödevini yapmadığın için okulda eksi alacaksın ve bu beni üzüyor."

Tercih hakkı sunabilirim: "Ya şu an ödevlerini yapmayı seçebilirsin ya da ödevlerin bitene kadar odandan çıkmamayı seçmiş olursun."

Teşvik edebilirim: "Ah şu ödevlerin bitse de, birlikte mısır patlatıp sinema keyfi yapsak..."

Kitaplarını konuşturabilirim: "Merhaba Enes, benim adım Bay Kitap. Sayfalarımda bazı boşluklar var, bu yüzden aklım çok karışık. Senden rica etsem, Bay Kurşunkalemin yardımıyla boşluklarıma doğru kelimeleri yazar mısın?"

Mizahı kullanabilirim: Ödeve oturmayan oğlumun önünde yere oturup, başımı ellerimin arasına alıp, bir uzun hava tutturabilirim. "Vay ben nidem, nidem, nidem... Nidem de Enes'i ödevinin başına gönderem, loooo..."

Kendi planını oluşturması için yardım edebilirim: "Yatana kadar 4,5 saat vaktin var. Ödevin de tahmini 1 saat sürer. Ödevini yapmaya kaçta başlamak istersin?"

Hiç müdahale etmeden kararının sonucu yaşamasını izleyebilirim: Ödevini geçe bırakırsa uykusuz kalır ya da yapmamayı seçerse okulda öğretmenine mahcup olur, eksi alır. Ben de bu süreçte, "Üzgün olduğunu görüyorum, eksi almak canını sıkmış, bir daha bunu yaşamaman için ödev vaktini planlayalım istersen?" diyebilirim. E bir musibet bin nasihatten evladır, değil mi?

Kızarım, bağırırım, gerekirse döverim: Siz kitabı okumuyor musunuz yahu? Böyle bir seçeneğimiz yok!

Olaylarla yüzleşirken birden fazla seçeneğimizin olduğunu bilmek bizi rahatlatır çünkü çoğu zaman kendimizi çaresiz, köşeye sıkışmış bir halde, kısırdöngülerin içinde debelenirken buluruz. Oysa, "bu olmuyorsa, bunu denerim" diye düşünmek, insana tek yolunun olmadığını hissettirir. Başlı başına bu düşünce tarzı bile öfkemizi azaltır, sabrımızı genişletir. Hem de zaman içinde, yaptığımız bu çözüm odaklı pratikler hayata bambaşka bir noktadan bakmamızı ve sorunlarımızın içinde boğulmamızı sağlar. Daha ne olsun?

ŞİDDET EN KÖTÜ MİRASTIR...

BABADAN OĞULA GEÇER!

İkinci Bölüm

Bağırmamak İçin Bir Dakika Mola!

Çocuğumuzun olumsuz bir davranışı
terk etmesinin nedeni cezadan korkuyor
olması ise, ceza verecek biri ortalarda
olmadığında onu olumsuz davranışlardan
ne uzak tutacak?

Her şeyi bırakın,
sıra şimdi kendinizde!

Hayatta pek çok rolümüz vardır. Bir anne-babanın çocuğuyuz, birinin eşiyiz, birilerinin arkadaşı-dostuyuz, birinin komşusuyuz, birilerinin yeğeni, torunu, kardeşi, halası, teyzesi, eltisi, görümcesiyiz... Tabii bir de iş hayatındaki rollerimiz vardır, kimimiz patronuz, işvereniz, kimimiz çalışanız, işçiyiz, memuruz...

Tüm bu roller hayat sayfalarımızı bir bir doldururken, hayatımızın tam merkezine giren bir rolle hepsinin dengesi şaşmaya başlar. *Annelik...* Bu öyle bir roldür ki, eş rolümüzden iş rolümüze, arkadaş kimliğimizden akraba ilişkilerimize kadar her noktaya sirayet eder ve yeni bir biçim kazandırır. Öyle ki, kendimizi *'birinin annesi'* olarak tanımlamaya başlarız. Sosyal medyada hesap açacak olsak 'Eymen'in annesi', 'Ümmü Eymen', 'Eymen's Mom', 'İki prens anası', 'Şehzadenin Annesi' tarzı ifadelerle bahsederiz kendimizden çünkü annelik çok kıymetlidir, yaşadığımız en derin duygu durumu ve en özel ruh halidir.

Lakin evladımızla iç içe geçmiş bu duygu durumumuz, *'anne'* rolümüzü âdeta ikinci derimiz gibi üstümüze o denli yapışık kılar ki, biz hem diğer rollerimizi, hem tüm rollerden sıyrılmış 'kendimiz' olan bizi ihmal etmeye başlarız. Bu da bizi kısa sürede nefessiz bırakır.

Nitekim bir uçağa binsek, daha uçak kalkmadan yapılan duyuru hepimizce malumdur: *"Tehlike anında oksijen maskesini önce kendine tak, sonra çocuğuna..."* Çünkü sen nefessiz kalırsan çocuğuna da faydan olamaz. Aynen sürahi-bardak ilişkisi gibi, senin için boşsa bardağın da boş kalacaktır. Senin için ne denli sevgi, mutluluk, huzur ve nefes doluysa, evladın da o denli mutlu, huzurlu ve sevgi dolu olacaktır.

Bu bağlamda demek gerekir ki, her gün kendimize –yalnız kendimize– zaman ayırırsak daha iyi bir anne, daha ilgili bir eş, daha verimli bir çalışan, daha özverili bir dost, daha faydalı bir evlat, kısacası daha doğru adımlar atan ve rollerinden keyif alan bir insan olabiliriz.

Tabii bu tespiti yapmak kolay, hayata geçirmek zor gelebilir. Oysa ufak değişimler, kesin kararlar, yapılacak ince planlamalar ihtiyacımız olan *'kendimizle baş başa zamanı'* bize açacaktır.

Ev işlerini azaltarak kendimize vakit ayırabiliriz

Biz toplum olarak derli toplu bir evi sevmekle kalmaz, bu hassasiyeti bir gerekliliğe dönüştürüp hayatımızın başköşesine buyur ederiz. 'İyi ev hanımı', 'iyi anne' tanımımızın olmazsa olmazıdır temiz ve ip gibi düzgün bir ev... Oysa çocuklu bir hayat, çoğunlukla bunun tam tersini vaat eder. Günde 10 defa dökülen oyuncaklar, lekeli koltuklar ve halılar, sürekli yıkanıp ütülenmesi gereken giysiler, evi işgal eden kitaplar, boyalar, legolar, arabalar, oyuncak bebekler...

Madem işin realitesi bu, o zaman bununla yaşamayı öğrenerek başlayabiliriz işe. Zira araştırmalar gösterir ki, çalışan olsun ya da olmasın fark etmeden, bir annenin en büyük zamanı ve en verimli enerjisi *'ev işlerine'* gider.

Peki, ne yapmak gerekir?

Öncelikle, alabileceğimiz tüm yardımlara açık olmak gerekir. Bu yardımı sağlayan eşimiz, annemiz ya da temizlik için ücret ödediğimiz bir yardımcı olabilir. Eğer yardımı eşimizden ya da annemiz gibi bir yakınımızdan isteyeceksek doğru cümleleri kurmamız önemlidir. Genellikle çoğumuzun takındığı tavır, "imdaaattt yangın varrr" noktasına geldiğimizden olsa gerek, *"Yeter artık, her şeyi ben mi yapacağım? Kalk da yatır şu çocukları"* tarzında tepkisel bir yorumdur. Bu tepkimizde kimi zaman haklı olsak da, sonuç itibariyle görürüz ki beyefendiler böylesi bir dil kullandığımızda harekete geçmezler. Geçseler de burnumuzdan getirirler.

Bu yıkıcı tutumun yerine, mutlu ve enerjik bir zamanımızda, mesela tatlı tatlı yenmiş bir pazar kahvaltısı sonrasında, eşimize demli bir bardak çay koyup, "Canım, ev işleri ve çocukların sorumluluğu benim boyumu aşıyor. Bu konuda desteğine ihtiyacım var. Bak ben evde yaptığım işlerin listesini çıkardım. Bir bakar mısın, bunlardan hangilerini benim yerime sen yapabilirsin?" demiş olsak, olumlu yanıt alma ihtimalimizi artırmış oluruz.

Yine kullandığımız dilin 'direk, net ve açık' olması da insanların bizimle işbirliği yapma olasılığını artırmış olacaktır. Biz hanımlar ipucu vermeye, ima etmeye bayılırız. Bir hanım, "ah bugün çok yoruldum" dediğinde, eşine, "benimle ilgilen, sana ihtiyacım var" demiş olabilir, "beni takdir et" demiş olabilir, "birlikte bir bardak çay içsek" demiş olabilir, hatta "yarın annemlere gitmek istiyorum" bile demiş olabilir. Ama bir erkeğin duyduğu tek şey, eşinin yorgun olduğudur, bu yüzden harekete geçmez.

Oysa, "ben söyleyince ne anlamı var" duygusundan kurtulmak ve "canım, bugün çok yorgunum, çayları sen doldurursan biraz dinlenebilirim" gibi açık bir ifade biçimi tercih etmek, eşimizin harekete geçme ihtimalini katbekat artıracaktır.

"Benim eşim buna yanaşmaz" diyenlerdensek, paralı yardım alma fikrini gündemimize koyabiliriz. Eğer gündelik hizmet veren bir yardımcı için bütçemiz yoksa, mesela komşumuzun liseye giden kızından "güzel bir okul harçlığı" için yardım talep etmemiz de akıllıca bir çözüm olabilir.

Bunun yanında evde bizi meşgul eden işlere pratik çözümler üretmek de oldukça geniş bir zaman kazanımı sağlar. Örneğin, çamaşırları yıkandıktan sonra ütülemeden dolaba asıp, kullandıkça tek tek ütülemek faydalı olabilir. Ya da havluları ve iç çamaşırlarını ütülemekten artık vazgeçsek, ütüye harcadığımız zaman azalabilir. Nevresimler gerçekten her hafta değiştirilmeli midir? Belki de iki haftada bir nevresim değiştirmek hem yıkama ve ütü hem de nevresim kaplama sorunumuzu biraz hafifletebilir.

Peki ya süpürge? Gerçekten her gün olmak zorunda mı? Yoksa üç günde bir ya da haftada bir süpürge yapsak da yeterli olabilir mi? Oyuncakları her dağıldığında toplamak mı bize fayda sağlar, yoksa çocukların tüm oyunu bittiğinde evi bir defada toplamak mı işlevsel olur?

Her gün beslenme hazırlamak yerine, hafta başında beslenmeleri kaplara koyup dolapta bekletmek, haftalık yemeği pazar günü yapıp porsiyonlara ayırarak buzluğa koymak, haftanın 1-2 gününü 'menemen günü', 'makarna günü' ilan edip yemek yükünü aza indirmek mutfakta geçirdiğimiz zamanı da sadeleştirmiş olacaktır.

Tabii her ailenin düzeni farklıdır. Lakin bu önerilerden yola çıkarak oturup düşündüğümüzde, muhakkak bize uygun ve iş yükümüzü azaltacak seçenekler olduğunu fark edeceğiz. Elbette bu uygulamalar sonsuza dek sürmeyecek çünkü gün gelecek, ömrümüz vefa ederse çocuklarımız büyüyecek. İşte o zaman hayalimizdeki derli toplu, tertemiz ve sessiz ev ortamına kavuşmuş olacağız. Ama o zamana kadar cümbüşün, sesin ve enerjik bir hayatın keyfini çıkartmak için basit çözümler bulmanın kime ne zararı var?

3T'yi azaltarak kendimize vakit ayırabiliriz

Bazen, "ben hiç televizyon izlemem, bilgisayar başında oturmam, telefonda çok gezinmem" diyenlerimiz bile, oturup teknolojiyle geçirdiğimiz vakti hesapladığımızda ciddi bir zaman kaybı olduğunu fark edebiliyoruz. Çoğunlukla dakikalarımız değil, saatlerimiz 3T ile birlikte geçiyor.

Belki yalnızca bir program için açtığımız televizyonda, "Aa şu da varmış birazdan, ona da bakayım" diyerek geçirdiğimiz süre, sosyal medyada başkalarının hayatlarına bakarak harcadığımız zaman, bilgisayarda oyunlarla çöpe fırlattığımız vakit üst üste konulduğunda ciddi bir israf tablosu tam da karşımızda duruyor.

Hayatımızda hiç mi olmasınlar? Bu mümkün değil ve dahi gerekli de değil çünkü teknoloji çağının içerisindeyiz, çocuklarımız bu dönemin bireyleri ve bu yüzden de 'doğru kullanım' konusunu önce biz halledip, sonra onlara model olmak durumundayız. Lakin aynı bilinçli tüketici olmak gibi, bilinçli kullanıcı olmak da bence çok önemli...

Teknolojiyle geçirdiğimiz zamanın ne kadar olması gerektiğine karar vermekle başlayabiliriz işe. "Bir gün içinde ne kadar televizyon izlemek istiyorum? Hangi programları takip etmeliyim? Sosyal medyaya ayıracağım zaman ne kadar olmalı? Ya bilgisayar ve WhatsApp grupları? Onlara ne kadar zaman ayırmalıyım?" sorularının cevabını bulup bir liste oluşturabiliriz. Bu listeyi uyguladığımızdan emin olmak için, elimize bu aletlerden birini aldığımızda, telefonumuzun alarmını kurup bizi süre doldu diye uyarmasını sağlayabiliriz. Bu basit uygulama bile, gün içinde kendimizle baş başa kalmamız için geniş bir alan oluşturacaktır.

Aile içi işbölümü yaparak kendimize vakit ayırabiliriz

Aslında hem kocalar, hem de çocuklar ev içerisinde sorumluluk almaya razıdırlar. Lakin bu sorumluluklar tanımlanmadığı için kimse taşın altına elini koymaz. Doğal olarak da tüm işler annenin sorumluluğunda kalır. Bu noktada biz annelere düşen şey, evdeki işleri belirlemek ve bu işleri gerçekten biz mi yapmalıyız diye üzerine düşünmekten geçer.

Toplumumuzda 'iyi ev kadını'nı tarif eden bakış açısı, genellikle her işe koşuşturan, bir yandan evi hep derli toplu olup diğer yandan baklava börek açan ve çocuklarıyla harika zaman geçiren bir portreyle kendini gösterir. Bu düşünceyi bırakın hayata geçirmeyi, düşünmek bile başlı başına yorucu ve zahmetlidir ve biz annelerin biraz daha fazla yorulmaya değil, enerji dolmaya ihtiyacımız vardır.

Bunun için küçük ayarlamalar yapmak faydalı olur. Örneğin işbölümünü planlamak için düzenli 'aile toplantıları' yapmak iyi bir fikirdir.

Aile toplantısı, tüm aile fertlerinin aile içerisinde bir işin ucundan tutmasını sağlayan 'istişare' ortamıdır. Aile bireylerinin haftanın bir günü bir araya gelmesi ve evdeki sorumlulukları en büyükten en küçüğe bölüşmesi, annenin bütün işlere koşmasını engeller.

Mesela aile toplantısında alınan "herkes kendi yatağını toplayacak" kararı annenin işini azaltacaktır. Yine çocuk odasının temizliği ve toplanması; çocukların, yatak odasındaki kıyafetlerin dolaba asılması ve yatağın kapatılması; babanın, oturma odasının toplanması ve mutfağın temizliği annenin görev listesinde tanımlı olabilir. Akşam yemeği için sofrayı kurmak, aile bireyleri arasında dönüşümlü bir iş planına dönüşebilir.

Peki, bir aile toplantısı nasıl yapılır?

İşlevsel bir aile toplantısının olmazsa olmaz kaideleri şunlardır:

- Ailece istişare meclisleri haftada bir defa ve belirli bir saatte olmalı,
- vakitte başka bir aktivite planlanmamalı,
- Meclisin doğal başkanı baba olmalı,
- Toplantıya dâhil olma ve oy kullanma yaşı 7 olmalı,
- Kararlar oybirliği ile alınmalı,
- Oybirliği oluşmazsa anlaşma yoluna giderek ortak bir nokta bulunmalı,
- Herkese aynı oranda saygı gösterilip, çocuk da olsa anlatacağı konu bitmeden müdahale edilmemeli,
- Toplantıda alınan kararlar sadece bir kişiye yönelik olmamalı,
- Hedef olarak sadece çocuktan beklentilere dönüşmemeli,

- Anne-baba bir olup çocuğundan beklentilerini sıralamamalı,
- Toplantılar sevgi ortamında gerçekleştirilmeli ve çocuğu yargılayan bir mahkemeye dönüşmemeli,
- Toplantı sırasında cep telefonları, televizyon ve dikkat dağıtıcı her şey kapalı olmalı,
- Kararlar bir deftere not alınmalı ve sonraki haftalarda takip edilmelidir.
- Bunların yanında çocuklarımıza günlük yaşam becerileri kazandırırken de, işlerimizi kolaylaştıracak adımlar atabiliriz. Örneğin yemek tabağını lavaboya koymak yerine makinenin içine koymak, kıyafetlerini çıkardığında kirli sepetine atmak, 'oyuncak toplama saati' gibi özel sorumluluk alanları oluşturmak faydalı olacaktır. Hem çocuklarımız sorumluluk almayı öğrenmiş olacak, hem de ev işlerinden arta kalan vakitler yanımıza kâr kalacaktır.

Misafirlik algımızı değiştirerek kendimize vakit ayırabiliriz

Misafir ağırlamak ve misafirliğe gitmek toplumumuzun olmazsa olmaz bir parçasıdır. Hem anne-baba olarak biz ebeveynlere, hem de çocuklarımızın gelişim seyrine kattıklarını düşündüğümüzde, bu güzel ananeyi kaybetmemek için gayret etmemiz gerektiği de açıkça görülmüş olacaktır.

Zira misafir berekettir, evin maddi-manevi bereketini artırır. Misafir eğitimdir; çocuklarımıza insanlarla iletişim kurmayı, "hoş geldiniz", "nasılsınız" gibi nezaket kurallarına uygun hal hatır sormayı, terlik vermeyi, kolonya tutmayı, ikramı, sosyalleşmeyi, adabı öğretir. Misafir gelenektir; şairin, "istikbal köklerdedir" demesi misali, bizleri köklerine sıkı tutunmuş bir ağaç gibi boy almaya meylettirir.

Tüm bunların yanında misafir değilse de, misafirlik algımız bizleri ya bu güzel geleneğimizden uzaklaştırır ya da vaktimizin çoğunu alan bir zahmete dönüştürür çünkü çocuklu hayat vakit alan bir hayattır.

Hele ki çocuk sayısı birden fazlaysa, onun dersiydi, bunun etkinliğiydi, oyunuydu, yemeğiydi derken saatlerimiz bu düzeni oturtmakla geçer ve bu yüzden çoğu zaman misafire vakit bulamayız. Oysa bizlerin de 'iki lafın belini kıracak' samimi dost sohbetlerine çok ihtiyacımız vardır.

Bu noktada misafirlerimizden vaz geçmemek adına, misafir algımızı değiştirmek faydalı olur. Mesela "sen üç çeşit yaptın, ben beş çeşit yapmazsam ayıp olur" diye düşünmenin kime ne faydası olur? Bunun yerine, hazır alınmış kurabiyeleri *—yeter ki yanında güler yüzümüz ve hoş sohbetimiz olsun—* kimsenin ayıplamayacağını düşünmek işimizi kolaylaştırır. Yine evimizin her zaman tertemiz olamayacağı gerçeği (neticede bu evde çocuklar var!) bizi misafirden alıkoyacağına, evimizin temizliğiyle, camımızın silinip silinmediğiyle ilgili olmayan, hatta bize geldiğinde "sen yorgunsundur, dur bir süpürge çekeyim gelmişken" diyen dostlar edinmek 'misafir yükümüzü' de azaltmış olur. Öyle ya, bizimle değil de evimizin kiriyle, dağınığıyla ilgilenen misafiri kim ne yapsın?

SİZ YAPMAZSANIZ...

ÇOCUĞUNUZ DA YAPMAZ!

Kendimize vakit ayıralım da ne yapalım?

Kendine vakit ayırmaktan anladığımız şey televizyon izlemek, temizlik yapmak, sadece uyumak, amaçsızca kanallar arasında gezinmek, altın gününe gitmek gibi eylemler olduğunda, kendimizi günbegün boşalan bir sürahi olmaya mahkûm bırakıyoruz demektir. Evet, zaman zaman televizyonda film izlemek keyifli olabilir ama ilk bulduğumuz fırsatta bunu yapıyorsak asıl yapmamız gereken ruhsal bakımımızı yapmıyoruz demektir.

Evet, arkadaşlarla buluşup altın günü yapmak keyifli olabilir. Ama kendimizle buluşmadan arkadaşlarımızla buluşmaya koşuyorsak yine ruhsal bakımımızı ihmal ediyoruz demektir. Evet, özellikle gece az uyuyan bir çocuğumuz varsa, gün içinde uyumak faydalı olabilir. Ama öğle uykumuz bir saati geçtiğinde enerjimiz artacağına azalmaya başlıyor demektir.

Peki, o zaman kendimize vakit ayırdığımızda ne yapmamız gerekir?

Kendimizle konuşalım

Her ne kadar "kendi kendine konuşana deli denir" denilse de, aslında akıl sağlığımızı ve ruh sağlığımızı koruyabilmek için kendi kendimizle konuşmaya ihtiyacımız var. Uzmanlar her gün ortalama 50.000 kez zihnen kendimizle konuştuğumuzu söylüyorlar bize. Yani aslında –farkında olsak da, olmasak da– kendimizle konuşuyoruz. Maharet, bu konuşmayı bilinçli hale getirmekte...

Peki, kendimize neler söylüyoruz? Sabah uyandığımızda, "uff yine çamaşır, bulaşık, ütü, çocuklar, uff pufff, yat uyu boş ver" mi diyoruz? Yoksa "yeni bir gün başlıyor, bugün de uyandık çok şükür, hadi bakalım işlere güçlere başlayalım" diyerek enerji mi veriyoruz? "Ben çok kötü bir anneyim, bak el âlem neler yapıyor, ben hiçbir şeye yetişemiyorum" mu diyoruz? Yoksa "gayret edelim ama sonuca razı olmak da imandandır" diye mi fısıldıyoruz? "Ben çalışan anneyim, çocuğumdan tüm gün uzağım, ne kötüyüm" diye diye kendimizi mi yiyoruz? "Akşama nitelikli vakit geçirelim ki ayrı olduğumuz zaman telafi olsun" diye gayret mi ediyoruz?

Bütün bu 'öz konuşmalar' günümüzün, hatta ömrümüzün nasıl geçeceğini belirlemekte oldukça önemli. Motivasyonu, beğeniyi, sevgiyi hep karşıdan bekleyen birisek, bağırmayan bir anne olmamız oldukça zor çünkü hayat çoğunlukla gül demetleriyle değil, dikenlerle karşılıyor bizi ve biz o dikendeki gülü göremiyorsak, elimiz ayağımız kan içinde kalıyor. Bu nedenle değer, sevgi, motivasyon gibi kavramları doğal bir kaynak gibi, başkasından yansıtmayı bırakıp özümüzde bulmamız önemlidir. Ay taklidi yapmayı bırakıp güneş olduğumuzun farkında olmaktan bahsediyoruz yani...

Bunun için kullanabileceğimiz ufak ama etkileri büyük teknikler vardır. Mesela, buzdolabının üstü gibi gözümüzün sık gördüğü yerlere pozitif cümleler yazıp, gün içinde farkında olmadan motivasyonumuzu artırabiliriz. Ya da çantamıza koymak için küçük kâğıtlara olumlamalar yazarak enerjimizin düştüğü anlarda açıp okuyabiliriz.

Bu olumlamalar:

Ben iyi bir insanım.

Ben çok güzelim.

Hayattaki rollerimde oldukça başarılıyım.

Ben sakin ve sevecen bir insanım/anneyim.

Çocuklarımı çok seviyorum ve sevgimi onlarla vakit geçirerek hissettiriyorum.

Çocuklarımla geçirdiğim vakitlerden keyif alıyorum.

Ben sevgi veren ve sevilmeye layık biriyim.

Ben çok değerliyim ve etrafımdaki tüm insanlar da aynı benim gibi değerli ve kıymetliler... gibi cümleler olabilir.

Neye ihtiyaç duyduğunuzu hissediyorsanız, o konuda olumlu cümle kartları hazırlayabilirsiniz. Önemli olan oradaki manayı okumak, duymak ve üzerine düşünmektir.

Kendimizi dinleyelim

Kendimizi dinleyelim çünkü kendini dinlemeyen ihtiyaçlarını duyamaz. Kendi ihtiyaçlarını duyamayan, hep başkalarının ihtiyaçlarını gidermek için uğraşır ve işin sonunda geriye ihmal edilmiş bir 'ben' kalır.

En sağlıklı kendini dinleme yolu, olayların ve kişilerin bize hissettirdikleri hakkında düşünmemizdir çünkü içimizde birikmiş öfke, hayal kırıklığı, keder, mutluluk gibi tüm duygularımız, ancak bir olayın etkisiyle açığa çıkar ve bize o noktada bir 'kırmızı çizgimiz' olduğunu hatırlatır.

'Bağırmayan anne' olmak yolculuğumun başında ilk yaptığım şey bu oldu sanırım. Kendimi dinledim; tarafsızca, eleştirmeden, anlamak için dinledim. "Oğlum yere meyve suyu döktüğünde neden bu kadar sinirleniyorum", diye sordum kendime ve aldığım cevabı –bir dostu dinler gibi yüreğimle– dinledim. Altından titiz ev hanımlığım çıktı, evinin hiç kirlenmemesini yoksa el âlemin ne diyeceğini fazlaca düşünen kadın çıktı, annesine yaranmak için hep temizlik yapmaya çalışan küçük kız çıktı, "çocuğu meyve suyunu dökmeden içemiyor mu" diyebilecek kişilerin kanırttığı annelik hassasiyetim çıktı, çıktı da çıktı...

Ben kendimi dinledikçe şunu fark ettim, matruşka gibiyiz hepimiz. Yunus'un "bir ben var bende benden içeri" dediği gibi, kim bilir kaç katmanlı bebekler var içimizde, aç aç bitiremediğimiz. Sonra bir terapist gibi her birini dinlemeye başladım. İçimdeki 'küçük kız'ın başını okşayıp annesiyle barıştırdım, içimdeki ev hanımına "sen çok değerlisin, eksiklerinin olması seni değersiz kılmaz" deyip gönlünü aldım, içimdeki annenin gayretini tebrik edip yanağından makas aldım... Böyle böyle huzur buldu iç seslerim, onlarla birlikte ben, kendim, kendiliğim huzur buldu.

Anne-babalar olarak, modern çağın bizlere sunduğu 'mükemmel olma' algısıyla birlikte kendimize fazlaca yükleniyoruz. Hata yapmak insana mahsus bir hal olmasına karşın, kendimizden insanüstü bir mükemmellik bekliyoruz. Bu nedenle de yanlış yaptığımızı düşündüğümüz her an derin suçluluk duygusuna saplanıyoruz. Bu da kendimizi eleştirmemize neden oluyor.

Bu eleştirilerin doğru olmadığını, kendimize haksızlık ettiğimizi fark etmemizin yolu da kendimizi dinlemekten geçiyor. Tarafsız dinlemeye geçmek için, *"Beni bu kadar öfkelendiren bu mesele bir hafta sonra da önemli olacak mı?"* diye sorabiliriz kendimize, böylece olayın günlük ağırlığını hafifletmiş oluruz. Böylelikle alt nedenlere odaklanabilecek gücü kendimizde bulabiliriz ve oturup kendimizi dinlemeye başlarız.

Kendimizi besleyelim

Beslenmenin iki çeşidi vardır: Bedensel beslenme ve ruhsal beslenme... İkisi de bizi doyurur ve bağırmayan bir anne yolculuğumuzun enerjiyle sürebilmesi için yakıt olur.

1. Bedenimi nasıl besleyeyim?

Toplumumuza baktığımızda, "yemeğin salçalısı, kadının kalçalısı" ve "bir gram et bin ayıp örter" sözlerinin ne kadar da karşılık bulduğunu görüyoruzdur. Lakin ne kadar fazla kilo, o denli zor hareket; ne kadar fazla kilo o denli enerjisiz bir hayat denklemleri de aşikârdır ve biz annelerin her şeyden fazla sağlık ve enerjiye ihtiyacı var.

Ben bir beslenme uzmanı değilim. Size diyet önerileri, günlük kalori hesapları yazmayacağım elbette. Lakin kendi hayatımda uzun zamandır uyguladığım birkaç madde, uzmanların da doğru beslenmeyi tarif ederken altını çizdiği maddelerden olduğu için biraz bahsetmek istiyorum.

Öncelikle 'besin' demek 'yakıt' demek... Midemize neyin, ne oranda girdiği bizim annelik kalitemizi inanılmaz derecede etkiliyor. Genellikle sağlıklı bir zayıflıkta olmak 'estetik' bir gereklilik gibi lanse edilse de, çocuğumuzla oyun oynayabilmemiz için bile hareketimizi kısıtlamayan bir kiloda olmamız şart. Düşünsenize, iki adım sonra nefesimiz kesilecek bir haldeysek, nasıl çocuğumuzla parka inip ebelemeç oynarız ki?

Eğer ciddi bir kilo fazlamız varsa, bunun için uzman nezaretinde sağlıklı ve formda olma yolculuğuna çıkabiliriz. Kilomuz orta kıvamdaysa ama bedenimize yeterince bakmadığımızı düşünüyorsak, birkaç küçük hassasiyeti hayatımıza katarak çok daha enerjik ve sağlıklı olabiliriz.

Acıkınca ye, doymadan bırak!

Aslında her birimiz dünyaya bu mekanizmayla geliyoruz. Acıkınca yiyoruz, doyunca bırakıyoruz. Küçük bir bebek düşünelim, acıktığında annesinin memesine doğru kuvvetli bir yönelim gösterirken, doyduğu an memeyi bırakıp oyununa geçer. "Karnım doydu ama gözüm doymadı" gibi yönelimleri yoktur çünkü bu yönelimler fıtratın, *yani yaratılış programımızın* değil, kültürel öğretilerimizin sonucudur.

Öyle ya, "yemezsen arkandan ağlar"larla, "aç çocuklar varken, tabakta yemek mi bırakılır"larla, "hatırım için ye, üzülürüm ama bak"larla, "eğer susarsan çikolata veririm"lerle büyütülmüş bir nesil olarak, doyduğumuz an yemeği bırakmayı ya da tabakta kalmaması adına yemeği koyarken az koyup, doymazsak ilave etmeyi problem gördük. Tabii toplumumuzdaki "ye yavrum ye" kültürü, "tombul çocuk sağlıklı çocuktur" algısı da bizleri fıtratımızdan uzaklaştırdı. Hikâyemizin bir noktasında pek çoğumuz acıktığını fark etmeden öğün hesabıyla yemek yiyen, doyduğunda yemeğe devam eden, hatta yemekler çöpe gitmesin diye eşimizin, çocuklarımızın da artanlarını mideye gönderen annelere dönüştük. Sonuç, kilo... Sonuç, enerjisiz bir hayat...

Peki ne yapmalıyız? Bence bugünden itibaren bir karar alıp açlığımızı dinlemeye başlamalıyız? *"Karnım şu an aç mı"* sorusunu sorup, gerçekten acıktığımızda sofraya oturmalıyız. Sadece bunu yaparak bile, yani acıktığımızda yemeğe başlayıp doyduğumuz an yemeği bırakarak bile, kısa sürede forma girebilir, enerjimizi çoğaltabiliriz.

Bol bol su iç!

İtiraf etmeliyim, hayatıma zor kattığım alışkanlıklardan biri oldu su içmek... Ülkemizde yaşayan pek çok anne gibi, çayı çok seven ve su yerine çay tüketen biriydim çünkü. Sürekli çay içtiğimden olacak, susadığımı fark etmiyordum. Tabii ki bu oldukça sağlıksız ve vücudumuzun demir rezervi açısından olabildiğince kötü bir haber...

Ne zaman ki iyiden iyiye halsizleştim ve doktora gittiğimde demir depolarımın boşaldığını ve çayı azaltmam gerektiğini öğrendim, işte o zaman hayatıma suyu dâhil etmeye başladım.

Her alışkanlık gibi, zaman aldı su içmeye alışmak. Önce gözüm görsün diye çalışma masamın üstüne, çantama, arabaya su şişeleri koydum ve her sabah taze taze doldurdum. İnsanın gözü görünce, daha kolay aklına geliyor. Gittiğimiz seminerlerde koşuşmaktan unuttuğum için, asistanım Züleyha Hanım'a beni uyarmasını rica ettim. O su içmeyi çok sever, seve seve uyardı beni... Böyle böyle su içmeyi öğrendim.

Su içmeye başlayınca, hayatımda değişen şeyleri de görmeye başladım. Öncelikle su içtiğinizde, özellikle yemek yerken içerseniz, daha az yemeğe başlıyorsunuz. Yani doğal bir kilo kontrolü olmuş oluyor. Bu süreçte öğrendim ki, vücudumuzun açlığa tepkisiyle susuzluğa tepkisi de aynıymış. Acıktığımızı zannedip pastaları börekleri mideye indirdiğimiz zamanlarda, belki de sadece susamış olma ihtimalimiz varmış. Bu yüzden acıkma sinyali aldığımızda ilk yapmamız gereken şey, su içmekmiş.

Ayrıca su içmek insanı tazeliyor ve enerji veriyor. Düzenli su içmeye başladığımızda görürüz ki, daha az yiyen, daha enerjik ve daha stressiz bir anne oluyoruz. Sadece daha fazla su içerek bu noktaya gelmek, bence hepimizin denenesi gereken bir öneri...

Azıcık da hareket lazım!

Ben genellikle aşırı kilo alış-verişleri olmayan bir beslenme çizgisinde bulundum. Neredeyse 16 yaşından beri aynı kiloda kaldım. Gebeliklerim dışında, hep 2-3 kilo alıp verdim ve bu yüzden de kilo kontrolü konusunda öyle çok sıkıntı yaşamadım. Lakin konu hareket ve egzersiz olunca sınıfta kaldım.

Mesleğim gereği, günümün büyük bir kısmını bilgisayar başında yazı yazarak geçiriyorum. İşte bu, hareketsiz bir yaşamı da beraberinde getiriyor. 20'li yaşlarda, gençliğin verdiği krediyi kullanarak "zaten ev içinde işler, çocuklar derken çok koşuşuyoruz, o da egzersiz, o da spor" bahanesine sığınmayı tercih ettim. Tabii çocuklarla oynamanın ya da evi süpürmenin spor yapmak yerine geçmediğini bilerek yaptım bu tercihi. Yaş 30'u geçip vücudumda ağrılar, tutulmalar olmaya başlayınca ve iki erkek evladın maç koşuşmalarında devrenin yarısını zor getirdiğimi fark edince egzersize başlama zamanının geldiğini anlamış oldum.

Öyle spor salonuna falan da yazılmadım. "En iyi spor açık hava yürüyüşüdür" felsefesini benimsedim ve günlük yürüyüşler yapmaya başladım. Her gün yarım saat tempolu yürüyüş yapmak kısa zamanda ciddi değişimler yaşamama neden oldu. Nefesim açıldı, enerjim arttı, çocuklarla oynama sürem uzadı... Yürüyüş yapamadığım günlerde çocuklarla parka çıkıp kondisyon aletlerini kullanmak, evde müzik açıp kan ter içinde kalana kadar dans etmek gibi oyun alternatifleri denedim. Ama öyle ya da böyle, hareketli olmayı bir şekilde hayatıma dahil ettim ve bu süreçte gördüm ki, insan hareket edince değil, durunca yoruluyor.

2. Ruhumu nasıl besleyeyim?

Ruhu beslemek en az bedeni beslemek kadar önemli aslında... Ama hem kendimiz için, hem çocuklarımız için bu maddeyi atlarız çoğu zaman...

Oysa bedenin acısı gün gelip geçse de, ruhun acısı kolay geçmiyor. Beden bir saatlik uykuyla dinlenebilirken, ruhun yorgunluğu bir ömre yayılabiliyor. Beden bir dilim ekmekle doyarken, ruhu doyurmak için planlı, düzenli ve huzurlu bir hayat kurmak gerekiyor. İşte bu da gayreti, emeği ve özveriyi istiyor.

Anne olduktan sonra, hayatın öngörülemez ve çocuk merkezli akan süreci içerisinde kendime 'ruh doyum zamanı' ayırabilmek için ilk olarak dinlenme algımı değiştirdim çünkü annelik demek, yorulmak demekti. Ama dinlemek demek 'yan gelip yatmak' demek olmamalıydı çünkü çoğu anne için öyle bir zaman yoktu!

Allah'ın (cc) tarif ettiği 'dinleme'yi hayatıma geçirdim: "Bir işten yorulduğunda başka bir işe geç." (İnşirah/7) Bu fıtri rol değişimi önerisi, doğru dinlemeyi fısıldıyor hepimize çünkü tüm gün televizyon karşısında yan gelip yattığımızda, şaşkınlıkla görüyoruz ki daha çok yorulmuşuz. Uyudukça uyuyasımız, yattıkça yatasımız gelmiş.

Bu algıyı değiştirdiğimizde, zamanımıza inanılmaz bir bereket geliyor. Uykuları azaltıp sabah erken kalkmak günü uzun kılıyor ve biz annelerin ihtiyaç duyduğu 'kendimizle baş başa zamanı' açıyor. Ev halkının 8'de kalktığını düşündüğümüz bir ailede, 6'da kalkan bir anne iki saatlik 'ruh besleme zamanı' kazanır örneğin...

Peki, bu vakitte neler yapılabilir?

Bu vakitte yapılacak şeylerin 'üretime' yönelik olması çok önemlidir. Nitekim beyin dalgalarımız 'dinlenme' modu olan 'alfa' seviyesine geçmek için buna ihtiyaç duyar. Severek yaptığımız, işe yaradığını düşündüğümüz bir değer ortaya koymak ruhumuzu da besler.

Buna örnek olarak kitap okumak, yazı yazmak, bir şeyi araştırmak, yelek örmek, dantel yapmak, yemek yapmak, çocuklarımız için oyun planlamak, eşimizle sohbet etmek, bir hobi edinmek ve onu geliştirmek, spor yapmak, bize iyi gelen meclislere katılmak, seminerlere gitmek, dikiş, ahşap boyama gibi becerilerimizi geliştirmek, dostlarımızla sohbet etmek gibi onlarca farklı misal verilebilir. Burada önemli olan, tek bir şeyi sürekli yapmaktan ziyade, boş vakitlerimizde rol değişimi yapabilecek esnek planlamalar yapabilmektir.

Kendimizi sevelim

Modern zaman en çok kendimize olan muhabbetimizle aramızı açtı. Kadın figürünün nasıl olması gerektiğiyle ilgili oyuncaklar, film-ler, diziler ve 'rol modeller' o kadar çok üretildi ve servis edildi ki, zayıf olmasına rağmen aynaya bakıp 'çok şişmanımmm' diyen genç kızlar ve 100 gr alsa 'kilo aldım' diye diyete başlayan kadınlar haline geldik.

Sağlıklı olmak, hatta sağlıklı bir zayıflıkta olmak önemliydi önemli olmasına lakin bu gayret bulumia, anoreksiya gibi hastalıkları davet edince sağlığımız da elden yavaş yavaş gitmeye başladı. "Çok güzel olmalıyım" tazyiki, kendimize sadece dışımızdan bakmamıza neden oldu. Aynaya bakıp kendimizi kaşıyla, gözüyle olduğu kadar kalbiyle, aklıyla, vicdanı ve içten tebessümüyle görmek yerine, aynaya baktık ve göbeğimizdeki 100 gramlık fazlalıktan, saçımızdaki beyazdan, ba-senimizdeki selülitten, bacağımızdaki varisten dert yandık. Oysa biz sadece bunlar değiliz ve hiç öyle olmadık. Sadece öyle düşünmemiz bazı sektörlerin işine geldi, bu yüzden de öyle sanalım istendi.

Her zaman söylerim, bir çocuğun mutlu olması için önce annenin mutlu olması gerekir. Annenin mutluluğu ise kendine olan sevgisiyle çok ilgilidir. Elbette yarına dair hedeflerimiz, değiştirmek istediğimiz alışkanlıklarımız, hoşlanmadığımız huylarımız, geliştirmek için uğ-raştığımız becerilerimiz olmalıdır. Lakin bu, bugün olduğumuz kişiyi sevmediğimiz anlamına gelmemelidir.

Hemen, şimdi aynaya bakarak başlayabiliriz kendimizi sevmeye... Aynaya bakarak ve aynadaki aksimizde gördüğümüz bir anne, bir eş, bir ev hanımı, bir çalışan, bir arkadaş, bir evlat ve çok daha fazlasına göz kırparak başlayabiliriz.

Evimizde bir çocuğumuz daha var: Evliliğimiz

Genellikle pedagoji kitapları ebeveyn-çocuk iletişiminden, evlilik kitapları da karıkoca ilişkisinden bahsederek ayrışırlar. Oysa evlilik ve ebeveynlik o kadar iç içe ve birbirini etkileyen alanlardır ki, *'bağırmayan anne olmanın yolu huzurlu bir evlilikten geçer'* demek mümkündür. Kadın da, erkek de huzurlu ve sevgi dolu bir aile yapısı kurabildiği ölçüde sakin ve merhametli birer ebeveynliğe adım atmış olurlar.

Eminim ki şu an bu satırları okuyan bazı anneler, "Zaten biliyordum, suç kocamda, bak burada da yazıyor, huzur olmadan olmazmış, benim evliliğimde huzur yok, o zaman ben iyi anne olamam" gibi bir düşünceye kapıldılar. Oysa *aynı annelik ve babalık gibi*, karıkoca olmak da bir beceridir ve öğrenilip emek verilerek geliştirilebilir.

Lakin çoğunlukla biz hanımlar 'anne' olduktan sonra üzerimizden 'eş' gömleğimizi çıkarırız. Çocuğumuzla uyumaya, tüm enerjimizi ona vermeye ve gelecek planlarımızı yavrumuza adamaya başlarız. Karıkoca olarak geçirilen zamanlar ekstra külfetlermiş gibi gelir. "Çocuğum olduktan sonra eşimle cinsel birlikteliğimiz bitti, çünkü hep çok yorgun oluyorum" diyen, kocasıyla baş başa dışarı çıkmış olsa "ayy çocuğu evde bıraktım, ne kötü anneyim" diye vicdan azabı çeken hanımlarımızın sayısı hiç de az değildir. Kadının 'anneliğe' dair bu adanmışlığı, pek çok beyefendinin de işine gelir. Zira ondan 'eş' olarak beklentilerimiz azaldıkça, duygusal ihtiyaçlarımızı çocuğumuza aktardıkça kendisi de 'kendine ait' zamanı kolaylıkla kazanabileceğini düşünür.

Gelin görün ki işin yüzü hiç de göründüğü gibi değildir. Emek vermekten vazgeçilen bir evlilik, aynı kurumaya bırakılmış çiçek gibi günbegün sararır, solar, yapraklarını döker. Eşiyle tamamlaması için yaratılmış duygusal ihtiyaçlar giderilmedikçe, kadın da erkek de tepkiselleşir, tahammülü azalır ve huzursuz olmaya başlar. Tabii karıkoca olarak yaşadığımız bu soğuk savaş ister istemez çocuğumuza da yansır.

Bu nedenle bugünden tezi yok evliliğimizi bakıma almamız gerekir. Emek verilmiş, dua dua, niyet niyet işlenmiş bir evlilik, bizlere iyi ebeveynliğin kapısını da açmış olacaktır.

Lakin pek çoğumuz "zaten evin bütün yükü bende, çocuğa ayrı ev işlerine ayrı koşuşuyorum, bir de evliliğim için mi uğraşayım" diye düşünürüz. Oysa bu yanlış bir düşünce sistemidir. Nitekim beslenmemiş bir evliliğin duygu dünyamızda oluşturduğu yükler ya da işin sonunda boşanma kapısına taşınmış bir süreç, evliliğimize vereceğimiz enerji ve gayretten çok daha fazlasını sırtımıza yük olarak yükleyecektir.

Çünkü çocuklu bir kadın olmak ve çocukların işlerine kırk parçaya bölünürcesine koşmak yorucudur. Ama çocuklu dul bir kadın olmak ve çocukların işlerine tek başına koşmak daha yorucudur. Günlük koşuşturmacamızın içinde çocuklarımızla nitelikli zamanlar planlamak gayret ister ve çoğunlukla fedakârlık gerektirir. Ama bu fedakârlığı yaparken bir de sırtımıza eşimizle yaşadığımız olumsuzlukları yüklemek daha büyük bir zahmettir.

İşte bütün bu nedenlerden dolayı, kadın-erkek fark etmeden her birimizin manşetine çekmesi gereken bir cümle vardır; *Evliliğimi önemseyeceğim ve önceleyeceğim. Aynı bir bebek büyütür gibi, evliliğimi besleyerek, zaman zaman gazını çıkartarak, güzel uykulara yatırıp ninniler söyleyerek büyüteceğim..."*

Bu sözü vermek çoğu zaman zor görünür ama bir kere karar verdiniz mi, ardından değişim, gelişim ve mutluluk başlar. Bunu sağlamak için de öyle çok büyük değişimler gerekmez. Basit, kolay ve küçük adımlar, evlilik yolculuğunuzu büyük bir mutluluk ve huzur masalına kolaylıkla dönüştürebilecektir.

1. Her gün karıkoca zamanı planlayın

Emek verilmiş bir ilişki için, her gün baş başa zaman geçirmek oldukça önemlidir. Bu öneri, anne-çocuk, baba-çocuk ve karıkoca için ayrı ayrı düşünülmüş zamanları içerir. Yapılan pek çok araştırma, günde 15 dakika özel zaman ayrılmış ilişkilerin çok daha sağlam, bağlı ve nitelikli geçtiğini ifade eder.

Konu karıkoca iletişimine gelince de önemini korur çünkü tüm zamanımızı ebeveyn olarak geçirerek evliliğimizi canlandırmak zordur. Bu nedenle ister sabah erken kalkarak, ister çocukları uyuttuktan sonra, istersek de çocukların kendi keyif aldıkları işleri yaptığı serbest zamanlarda televizyonu kapatıp, telefonları bırakıp 'eş' olarak zaman geçirmemiz gerekir.

Bazen anne ve babalık o denli üzerimizdeki 'tek' gömlek haline gelir ki, kendimizi eşimize ayırdığımız zamana bile 'anne-baba saati' der halde buluruz. Oysa bu zaman, çocuğumuzdan önce var olan ve aslında hâlâ yerli yerinde duran karı ve koca rolümüzü hatırlamamız içindir. Eş olarak keyif aldığımız şeyleri yapmak, çay içip sohbet etmek, el ele tutuşup göz göze bakışmak, başımızı eşimizin omzuna dayayıp huzuru solumak için oluşturulmuş bir oksijen maskesidir.

Bu öneri hem bugünümüze, hem yarınımıza iyi gelir. Zira her açıdan, yalnızca çocuklara adanmış bir hayat, çocuklar kendi hayatını kurup evden ayrıldıktan sonra büyük bir boşluğa düşmeye neden olur çünkü geriye bir evlilik kalmamıştır.

Bu deneyimi iş işten geçtikten sonra yaşayıp fark etmeden önce, hemen bugün, evlilik ağacımıza su vererek başlayabiliriz işe... Gün içinde eşimize akşamki 'eş saatini' iple çektiğimizi ifade eden mesajlar atıp, bu vakitte yapacaklarımızı planlayıp, eş vaktimize özel bir günlük bile tutabiliriz ve aradan yıllar geçtiğinde görürüz ki, günde 15 dakikalık bir zaman, 15 yıllık bir evliliğin yakıtı ve huzuru oluvermiş.

2. Her fırsatta dokunun

Ten tene temas, vücutta oksitosin, *yani bağlılık* hormonunu salgılatan en pratik yoldur. Eller buluştuğunda, iki elin sahibi arasında duygusal bir bağ oluşmaya başlar. Lakin evliliğin ilk yıllarında sıklıkla ten temasında bulunan çiftlerin arasına zaman içerisinde çocuklar, günlük koşuşmalar ve teknoloji girer. Yan yana oturup sarılan karıkocaların ortasına koşan çocuklar bazen mesafeyi açar. Ev işleri, dışarı koşuşması derken, eşler yattığı yeri bilemezcesine, sarılıp uyumayı yük sayar. Eşinin eline sarılan ellerin yerini televizyon kumandaları ve telefonlar alır. Böyle böyle mesafeler açılır, uçurumlar büyür. Gün gelir, muhabbetle evlenen eşler birbirine yabancı olur.

Bunu önlemenin en basit yolu *'dokunmak'*tır. El ele tutuşmak, sarılmak, yan yana otururken bacakları birbirine yapıştırmak, uyurken elleri ayakları kavuşturmak gibi davranışlar, gün içinde doğallıkla ve kolaylıkla yapılabilecek 'dokunma' biçimleridir.

Çünkü insanın dokunulmaya ihtiyacı vardır. Yapılan araştırmalar gösterir ki, dokunulmayan bebeklerin bağışıklık sistemi zaman içinde çöker ve bebek hayatını kaybedecek sağlıksızlığa doğru ilerler. Dokunulmayan yetişkinler ise bedensel olarak ölmeseler bile, duygusal olarak hastalanıp ölüme mahkûm olurlar. Duygu dünyalarının cenazesini yaparlar. Bu nedenledir ki meşhur terapist Virginia Satir, duygusal anlamda hayatta kalmak için günde dört kez, hayatımızı sürdürmek için sekiz kez, büyüyüp olgunlaşmak için on iki kez kucaklaşmamız gerektiğini söyler.

Bu bağlamda eşimizle ten teması kurmak için ufak değişimler yapmamız yeterli olacaktır.

Çiftler elbette televizyon izleyebilir. Ama ayrı koltuklarda oturmaktansa, bu süreçte yan yana oturup elleri kavuşturmak mümkün değil midir? Her gün, eşler işten gelip evde buluştuğunda, 1 dakika boyunca sarılmak ve selamlaşırken kucaklaşmak eşimize olan muhabbetimizi nasıl da harekete geçirecektir. Yine sırtımızı dönüp uyumaktansa, sarılarak, el ele tutuşarak yatağa girmek, biz farkında bile olmadan duygu dünyamıza katma değer ilave edecektir.

3. 'Şikâyet' değil, 'şükür' listesi yapın

Toplumumuzun temel algısı ne yazık ki 'önümüzü kış tutmak' üzerine konumlanmış durumda. İlk önce olumsuzu, negatifi, hatayı, eksiği fark ediyoruz. Eşimize, çocuğumuza, hayatımıza, yaşadığımız şartlara dair şikâyet etmekte çok mahirken, olumlu özellikleri görme ve taltif etme konusunda pek çoğumuz cimri ve tutucuyuz. Oysa hayatımızın manşetine yerleştirirsek huzuru bulacağımız ve mutlu olacağımız bir söz var: *"Güzel gören güzel düşünür, güzel düşünen hayatından lezzet alır."*

Şimdi diyeceksiniz ki, dünyada bu denli olumsuzluk varken, çocuklarımız hasta oluyorken, yaramazlık yapıyorken, eşimiz bizi anlamıyor, kayınvalidemiz her şeye karışıyorken nasıl mutlu olalım? Nasıl güzel görüp güzel bakalım?

Pozitif düşünmek, kazanılabilecek bir beceridir ve olumsuzu yok saymak ya da Polyanna gibi sürekli gülümsemek hali değildir. Evliliğimiz hakkında pozitif düşünmek eşimizle neden evlendiğimizi bize hatırlatır ve bu nedenlerin yoğun olarak hissedilmesini sağlar. Öyle ya, ömür boyu sürecek bir evlilik için yıllar önce bize 'evet' dedirten sebepler vardır. Eşimize muhabbet duymamıza, onunla hayatımızı geçirmeye bizi gönüllü kılan sebepler...

Bu sebepleri yeniden fark edebilmek için öncelikle olumsuz düşüncelerimizi görüp, bu düşüncelerimizi olumluya çevirerek işe başlarız. Mesela eşimiz yoğun çalışıyor ve akşam eve geç geliyorsa ve durum bizi öfkelendirip her akşam tartışmamıza neden oluyorsa, zihnimizdeki, *"Yine geç geldi, zaten hep işi önemli, benim hiç önemim yok"* düşüncesini alırız, yerine, *"Allah razı olsun, bizi rahat yaşatmak için geç vakitlere kadar çalışıyor"* inanışını koyarız.

Böyle düşünmeye başladığımızda eşimizin eve geç geliyor olması bizi öfkelendirmez. Hatta eve geldiği anlarda ona minnet ve şükranla hizmet ve muhabbet davranışları göstermemize neden olur. Siz olumlu düşünüp olumlu davranmaya başladıkça, eşinizden göreceğiniz muamele de pozitife tebdil olacaktır. O pozitif davrandıkça siz de olumlu düşünmeye daha gönüllü olursunuz. Böylelikle kendi içinde güzel bir döngü oluşturulmuş olur.

"Eşim böyle düşünüp, böyle davranmamı hak etmiyor ki" cümlesi, pek çoğumuzun kullandığı bir cümledir. Oysa karşımızdakinin neyi hak edip etmediğinden önce, böyle davranmayı ve böyle davranılmayı hak eden bizizdir. Karşımızdakinden hak ettiğimiz güzel davranışları görebilmenin yolu ise, o güzel davranışın tohumunu düşüncelerimiz ve pozitif muamelemizle ekmekten geçer.

Hayatta her olayın bir pozitif yönü vardır. En olumsuz gözüken hadiseler bile bize bir şeyler öğretir, geliştirir ve güçlendirir. Olaylara bakış açımızı "bu olaydaki olumlu taraf ne" sorusunun cevabına getirdiğimizde, öfkemiz ve şikâyetimiz azalır, şükrümüz ve mutluluğumuz artar. Bu, emek ve gayret gerektiren bir süreçtir. Lakin verdiğimiz her bir emek, hem evliliğimize, hem anneliğimize adım adım dönecektir.

Üçüncü Bölüm

Bağırmadan Çocuk Yetiştirmenin Yolları

Kalbi birbirine yakın olan insanlar
bağırarak konuşmazlar; fısıltıyla,
gözleriyle, bakışarak anlaşırlar.
Bu bağlamda annelik sanatı dediğimiz şey,
çocuğa 'söz' değil, 'göz' dinletmektir.

Bağırmayalım da tepemize mi çıksınlar?

Verdiğim eğitimlere katılan annelerin, daha eğitimin ilk gününde şu soruyu sorduklarını gördüm: "Ama çocuklarımızın her dediğini yaparsak tepemize çıkmazlar mı?" Aslında cezayı tavsiye eden pek çok uzmanın ortaya koyduğu argümanın bu olduğunu da görmekteyim: *"Çocuklarımıza ceza verelim, yoksa doyumsuz ve hedonist (hazcı) olurlar."*

Oysa çocuğuna bağırmamak, dövmemek, sevecen davranmak demek ona sınır koymamak, disipline etmemek, amiyane tabirle 'saldım çayıra Mevla'm kayıra' demek değildir. Böyle bir şey, yani sınırsızlık, insanın doğasına aykırı olduğu gibi, özellikle çocukluk çağı gibi 'haz' odaklı bir dönemde muhakkak olması ve kararlılıkla yürütülmesi gereken bir süreçtir çünkü çocuğu sevmek, ona hiç 'hayır' dememek manası taşımaz. Bilakis çocuğunu seven bir anne, yeri geldiğinde söylediği 'hayır'larıyla çocuğunun hayrına bir tutum sergilemiş olur. Burada önemli olan nüans, sınırlarımızı koyarken ve çocuklarımızdan bu sınırlara uyum sağlamalarını beklerken ortaya koyduğumuz disiplin yöntemlerinin ne olduğudur.

Disiplinden ne anlıyoruz?

Sorunlar ebeveynliğin doğasında vardır çünkü yetişkinlik dönemini bireysel bir doğum olarak düşünürsek, çocukluk dönemi de bu güzel doğumun sancı süreci gibidir. Çocuk, iç dünyasında Yaratan (cc) tarafından teker teker açılan 'gelişim' musluklarının şaşkınlığıyla, boş olan kaplarını doldurmaya çalışır. Ama bunu el yordamıyla yapar. Bazen taşırır, bazen kabı boş bırakır, bazen suyu çok doldurup boğulma riski yaşar... Bu süreçte anneye düşen şeyse, her kabın yeterince dolduğundan emin olana kadar çocuğuna yol göstermektir.

Bu bağlamda 'disiplin' kelimesinin bize ne ifade ettiği oldukça önemlidir. Disiplin, Latince bir kelimedir ve *'nasıl yapılacağını öğretmek'* manası taşır. Oysa bağırmak, ceza vermek, dövmek, aşağılamak gibi negatif yöntemlerin hiçbiri çocuğumuza 'ne yapması gerektiğini' öğretmez. Aslına bakarsanız bu yöntemler çocuğumuza 'ne yapmaması gerektiğini' de öğretmez. Bu yöntemler çocuğumuza sadece 'neyi bizden gizli yapması gerektiğini' öğretir. *"Bir daha kardeşine vurduğunu görürsem seni mahvederim"* diyen bir anne, çocuğuna, "Ben görmüyorken kardeşine vurabilirsin" mesajı vermiş olur ve işin sonunda görür ki, çocuk, annesinin tüm tehditlerine rağmen kardeşine vurmaya devam eder. Ama gizlice!

Aslında bir insanın büyüyünce Gandhi mi olacağı, Hitler mi olacağı arasındaki farkı oluşturan temel ayrım tam da burasıdır; çocukluğunda ailesinden hangi davranış örüntülerini modellediğidir. Elbette hiç kimse çocukluğunda yaşadıklarının mahkûmu değildir. Kişi, yetişkinlik yolculuğuna uzanırken gayret ederek, farkındalık oluşturarak, gerektiğinde tedavi olarak çocukluk yaralarını sarmayı öğrenebilir ve fakat bugün kim olduğumuz, çocukluğumuzda kim gibi muamele gördüğümüzle oldukça ilişkilidir. Çocukken her dayak yiyen kişi, yetişkinlikte dayak atan bir ebeveyne dönüşmüyorsa da, bugün çocuğuna dayak atan ebeveynlerin büyük bir bölümü çocukken şiddet görmüş ya da şiddete aile içinde şahit olmuş kişilerdir.

Bu noktada tüm mazeretlerimizi kenara bırakıp, çocuğumuza 'baskı' kökenli disiplin uygulamaktan kurtulmamız ve onunla 'bağ' kurarak iletişim kurmayı öğrenmemiz gerekir.

Kabul etmeliyiz ki, içinde bulunduğumuz çağda çocuklarımızla 'bağ' kurmak için daha çok gayret etmemiz gerekiyor çünkü bağ kurmanın temel kavramları olan insanlarla yakın ilişki, normal doğum, beraber yatma, anne sütü alma, hayatın ilk yıllarını anne ile yakın temasta geçirme gibi olgular günümüzde çok daha zor. Bizlerin çocukluğunda annelerimiz hiçbir kitap okumadan, bilgi sahibi olmadan bu doğal bağ kanallarına zaten zamanın doğal şartları nedeniyle sahipken, bizler sezaryen doğumun yoğun olduğu, çocukların biberondan mama emdikleri, küçük yaşlarda kreş hayatıyla tanıştıkları, çoğunlukla çalışan annelerden ebeveynlik gördükleri bir zamanın anneleri olarak daha çok emek vermek ve gayret etmek zorundayız.

Tabii dönemin 'haz' ve 'hız' odaklı hayat koşuşması da işimizi kolaylaştırmıyor. Yetişecek işler, toplantılar, bir yandan ev işlerinin stresi ve yorgunluğu bizleri ebeveynlik rolümüzün gerektirdiği yavaş ve sükûnetli duruştan uzaklaştırabiliyor. Biz yetişkinler belki içine düştüğümüz yoğunluk girdabına uyum sağlayabiliyoruz ama değişen zaman gerçekleri 'yaratılışı' değiştirmediği için, 50 yıl önce çocuklar neye ihtiyaç duyuyorlarsa, bugünün çocukları da aynı ihtiyaçlarla anne-babalarına yöneliyorlar. Annelerinin yoğunluğu, yorgunluğu ve hayat koşuşmalarının ne olduğu onları ilgilendirmeksizin, yuvalarında sevgi dolu, merhametli, saygın ve şefkatli bir ebeveynlik görmek istiyorlar. Bunu bulamadıkları zamanlarda ise, ihtiyaçlarını karşılayamamaktan oluşan boş kovalarını doldurabilmek için davranış ve uyum bozuklukları göstermeye başlıyorlar. Yani annelerine *"ters giden bir şeyler var"* mesajı verip yardım istiyorlar.

Bugünün pek çok pedagoji kitabı biz annelere bu davranış bozuklukları karşısında "Çocuğumun sorunu ne?" sorusunu sormayı ve cevap olarak 'çocuklarla baş etme' taktikleri vermeyi öneriyor. Pek çok telkin ve pek çok teknik çocuklarımızın 'neyi neden yaptığını' anlamamızı sağlamak yerine, yaptıklarını baskılamaya ve onları korkutarak anı kurtarmaya yönelik. Molalar, düşünme sandalyeleri, cezalar, mahrumiyetler insani ve vicdani değil... Zaten sonuçlarına bakarak söyleyebiliriz ki, pek işe de yaramıyorlar.

Oysa çocuklarımızı açmayı bekleyen bir tohuma benzetirsek, tohumun büyüyüp çiçek açabilmesi için doğru toprağı koymak, ihtiyacı olduğu şekilde sulamak, doğru saksıda bulundurup gün ışığından faydalanmasını sağlamak ebeveynin görevidir. Eğer işin sonunda tohum çiçek açmaz, çürür ya da cılız olursa, bu, tohumun kötülüğünden değil, tohuma bakan bahçıvanın yanlış yöntemlerinden kaynaklanır.

- Eğer bir ebeveyn, çocuğuna öfkelendiğinde bağırıp çağırıyor, onu dövüyor, onur kırıcı cezalar veriyor, öfkesini insani yollarla ifade etmiyorsa;
- Çocuğuna yalan söylüyor, alay ediyor, küfür ediyor, korkutuyor, tehdit etme ve gözdağı verme gibi güç gösterilerinde bulunuyorsa;
- Evden atarım, seni terk ederim, annen olmam, çingeneye veririm, komşunun çocuğunun annesi olurum gibi kabulsüzlük davranışları gösteriyorsa;
- Sürekli oturmasını, susmasını, evi dağıtmamasını, merak ettiği

şeyleri karıştırıp kurcalamamasını, âdeta bir hayalet gibi, evde varlığının anlaşılmamasını istiyorsa;

- Üzüldüğünde ağlamasından, mutluyken kahkahalar atmasından, kızdığında öfkesini göstermesinden, şaşırdığında sorular sormasından, korktuğunda kendisine sığınmasından rahatsızsa;

- Çocuğunun sorumluluklarını onun yerine yapıyor, becerilerinin gelişmesine alan açmıyor, yaşı kaç olursa olsun bebek gibi davranıyorsa;

- Gerektiğinde 'hayır' demiyor, sınır koymuyor, kurallara uyma becerisinin gelişmesi için yardımcı olmuyorsa, o anne-babanın disiplin algısında büyük boşluklar var demektir.

Asıl murat edilen disiplin modeli, çocuğumuz yanlış bir davranışta bulunduğunda bu davranışın sonucunu yaşama ve telafi etme becerisi gösterebilmesini desteklemekle gerçekleşebilir.

Çocuğumuz yemek yerken yere döktüğünde ona bağırmak yerine nasıl temizleyeceğini öğretebiliriz.

Çocuğumuz ödevini yapmayıp televizyon izlemeyi seçtiğinde, okula gidip düşük bir not almasını, böylelikle tercihin sonucunu yaşamasını bekleyebiliriz.

Çocuğumuz duvarları karaladığında, söylenip durmaktansa duvarı silme görevini üstlenmesini sağlayabiliriz.

Çocuğumuz kardeşine vurduğunda, ona vurarak 'vurmamayı' tembihlemek yerine, öfkelendiğinde vurabileceği bir yastığa yönlendirebiliriz.

Bu bağlamda anneliğin 5 altın kuralını unutmamak bize yol göstermiş olur:

Anneliğin 5 altın kuralı

- Çocuğumun doğuştan gelen bir kişiliği ve mizacı var. Bunu bilmeli ve kabullenmeliyim. Hareketli çocuğu oturtmaya, sosyal çocuğu kabuğuna kapatmaya, konuşkan çocuğu susturmaya, utangaç çocuğu sosyal yapmaya çalışmamalıyım.

- Çocuğum benden ayrı bir insan. Kendi kararları ve tercihleri var. Tercihlerinin sonucunu yaşamasına olanak sağlamalıyım. Örneğin ödevini yapmadığında onun yerine yapmak için çırpınmamalıyım.

- Çocuğumun emniyette hissedebilmesi için evimizi sevgi dolu, yapıcı eleştirilerin olduğu, saygın bir ortam haline getirmeliyim. Bir misafir gelse yapmayacağım hiçbir davranışı çocuğuma da yapmamalıyım.

- Çocuğumun merak duygusuyla çatışmamalıyım. Merak ettiği, karıştırmak, kurcalamak istediği alanlarda kontrollü kabul sağlamalıyım çünkü çocuğum dünyayı bu şekilde keşfedecek.

- Hatalarla baş etmeyi öğretmeli, hatadan dönmek için alınan sorumlulukta çocuğumu desteklemeliyim. Örneğin, sütü dökmesinin problem olmadığını hissettirmeli ama kirlenen tezgâhı temizlemesi için yol göstermeliyim.

MAHCUP ETMEYİN...

YÜREKLENDİRİN...

Disiplin sadece çocuk için midir?

Pek çok evde 'disiplin' yalnızca çocuklar için uygulanan bir yaptırım gibi kendini gösterir. Çocuğun yediği-içtiği, uyku-ödev saati, temizlik alışkanlıkları, kötü alışkanlıklardan uzak durması, insanlarla iletişime geçme biçimi gibi pek çok konuda çocuğa dair tedbirler, uyarılar ve yaptırımlar vardır.

Oysa çocuklar bütün bu konularda ne yapmaları gerektiğini biz ebeveynlerden öğrenirler. Söylediklerimizden çok, yaptıklarımızı referans edinirler. Bize bakar, bizi görür, bizim davranışlarımızı tekrar ederler. Bu nedenle bir çocuğa disiplinli bir yaşam tarzı aşılamanın yegâne yolu, *o yaşam tarzını bizim yaşıyor olmamızdır.*

Pek çok aile çocuğunun sigara içmemesini ister. Hatta ortaokul, lise çağındaki çocuğunu sigara içerken yakalamış olsa kızar, bağırır, cezalar verir. Oysa çocuğuna bu konuda kızan pek çok anne-baba sigara içmektedir. Bu yüzden de verdikleri nasihat, çocukları nezdinde geçersiz ve değersizdir.

Yakın bir komşumuzun oğlu, sigara içen anne-babası tarafından sürekli uyarılıyordu. İçerse kanser olacağına, harçlıklarının kesileceğine, hatta babası tarafından şiddet gösterileceğine dair geri bildirimler alıyordu. Ama daha küçükken, 13 yaşındayken ilk sigarasını içti. Anne-babasına yakalandığında yaptığı savunma bizlere 'disiplin'in yaşanarak öğretilebileceğini anlatır biçimdeydi:

"Ama siz de içiyorsunuz..."

Çocukları disipline edemediğinden dert yanan pek çoğumuzun yaptığı hata, 'dediğimi yap, yaptığımı yapma' yönünde hareket ediyor olmamızdır.

Yetişkinler çocuklarını döverler ama çocuk kardeşine vurduğunda tahammül göstermezler.

Yetişkinler kızdıklarında bağırır, küfür eder, saygısız tutumlara girerler ama çocukları birine 'salak' dese ağzına acı biber sürmekle tehdit ederler.

Yetişkinler sabah erken kalkmakta güçlük çekerler ama çocuklarının okul saati gelmeden kendi kendine uyanabilmesini isterler.

Yetişkinler işten güçten dert yanıp tatil günlerini iple çekerler ama çocukları okulu sevsin, ödev yapmaya bayılsın, tatili beklemesin isterler.

Yetişkinler zamanlarını televizyonla, bilgisayarla, telefonla boşa geçirirler ama çocukları boş zamanlarında yalnızca kitap okuyup deneyler yapsın isterler.

Yetişkinler uyku saatlerini, yemek vakitlerini düzen içinde sürdürmezler ama çocukları her gün 9'da yatsın, yemek vakitlerinde ip gibi sofrada hazır bulunsun derler.

Bütün bu çelişkiler içinde kalan çocuklar da, aynı kendine örnek olan biz yetişkinler gibi, disiplinli bir hayat yaşamakta güçlük çekerler.

Ceza ile disiplin olur mu?

Disiplin kelimesinin *'nasıl yapılacağını öğretmek'* manasına geldiğini söylemiştik. Ceza ise, bir yetişkinin kendinden güçsüz olan bir çocuğa, hoşuna gitmeyen bir tutumu için uyguladığı acı verici davranıştır.

Cezacı yaklaşımda bulunan ebeveynlerin zihin şeması bize şunu der: *"Çocuklar acı çekmezlerse ya da bizden korkmazlarsa doğru davranışta bulunmazlar ve doğruyu öğrenemezler..."*

Bu tür bir düşünce bizleri ödül/ceza girdabına sokar ve öyle ya da böyle çocuklarımızın canını yakmaya doğru yönlendirir. Bu bağlamda ceza, uygulanan kişide intikam, kin, nefret, öç alma gibi duygular oluşturur. Bu gerçeği bilimsel olarak konuşmadan önce, şöyle bir çocukluk yıllarımıza gitmemiz dahi yeterli olacaktır.

Annemiz bize "seni gebertirim, sus yoksa çakarım bir tane, seni bırakıp gideceğim, yeter artık bıktım senden" tarzında bir cümle kurup 'duygusal ceza' verdiğinde ya da döverek, vurarak, çimdikleyerek 'fiziksel ceza'ya meylettiğinde ne düşünür, ne hissederdik? "Annecim iyi ki beni dövdün, şu an bu tokatla aydınlandım, iyi bir insan olmaya karar verdim" mi derdik? Yoksa tam tersi, içimizdeki nefreti, haksızlığa uğramanın verdiği acıyı, değersizlik duygusunu mu beslerdik?

Ceza konusunda yapılmış pek çok araştırma, cezalandırılarak büyütülen çocukların kendileri hakkında 'iyi insan' şeması oluşturmakta zorlandığını ortaya koyar. Öyle ya, annesi ona bir paçavra gibi davrandığına göre 'değersiz'dir, canını yakacak yöntemler uyguladığına göre 'suçlu'dur, sürekli hataları konuşulduğuna göre 'yetersiz'dir.

Bu hislerle büyüyen bir çocuk, çocukluk yıllarından başlayarak öfkeli ve tepkisel olur. Dışarıdan baktığımızda "şimdi ne oldu bu çocuğa" dediğimiz anların sayısı fazlalaşır çünkü dıştan ufacık etkilere kocaman tepkiler vermesine neden olan içsel yaraları vardır. Yarası ne kadar acırsa, çocuk da o kadar acıtmaya çalışır.

Tabii bu yöntemler çocuğumuz henüz küçükken belki âni kurtaracak etkiler gösterebilir. Bu da anneyi *"ceza veriyorum, işe yarıyor"* düşüncesine sevk edebilir. Oysa ceza alan çocuk öğrenmez.

Ceza uygulanan çocuklarda yapılan nöropsikolojik araştırmalar, beynin tehdit altındayken kan akışının karar verme ve entelektüel düşünme ile ilgili bölgeden uzaklaşıp temel yaşamsal bölgelere doğru hareket ettiğini ortaya koymuştur. Yani çocuğumuza ceza verdiğimiz zaman onun düşünmesinin, muhakeme etmesinin, çözümleme becerisinin, problem çözme kapasitesinin yolunu kapamış, beyinlerinin hayatta kalma bölgelerini harekete geçirerek otonom davranışlarda bulunmasının önünü açmış oluruz.

Ceza alan çocuk, ya korktuğu için ebeveynine uyum sağlar ya da kendini değersiz hissettiği için olumsuz davranışına ara verir. Her ne kadar ebeveyn çocuğun bu halini 'disiplin' sanıyorsa da, çocuk yalnızca baskılanmıştır. Bu nedenle tepkiselleşir, duyarsızlaşır ve zarar verici davranışlarını çoğaltır. Nitekim hüküm giymiş suçluların hapisten çıktığında yeniden suç işlemesi ya da çok caydırıcı cezai müeyyideleri olmasına rağmen bazı insanların ağır suçlara yönelmesi bize negatif disiplin yöntemlerinin çok da işe yaramadığını gösterir. Ayrıca çocuğumuzun olumsuz bir davranışı terk etmesinin nedeni cezadan korkuyor olması ise, ceza verecek biri ortalarda olmadığında onu olumsuz davranışlardan geri tutacak motivasyon ne olacaktır?

Hem çocuğunu güç kullanarak disiplin ettiğini düşünen anne-babaların düşünmesi gereken ayrı bir soru daha vardır: *"Ona gücümüzün yettiği çocukluk yıllarında ceza vereceksek, artık gücümüzün yetmeyeceği ergenlik dönemi için bir planımız var mıdır?"*

Ceza yöntemi, çocukluk evresi uyumlu gibi gözükerek atlatılmış olsa dahi, ergenlik yıllarında patlayan bir volkan misali çocuğumuzdaki kanayan yarayı püskürtmeye başlar. Sırf anne-babasının canını acıtmak için (çünkü onlar da yıllar boyu evlatlarının canını yaktılar) madde kullanmak, ibadeti terk etmek, evlilik dışı ilişkilerde bulunmak, çetelere karışmak gibi uç noktada davranış örüntüleri ortaya çıkabilir. Canı yanan genç, farkında olmadan, anne-babasının canını yakmak motivasyonuyla hayata sarılabilir. İşin acı tarafı, bunu yaparken yaralarını iyileştirmek bir yana, bilakis daha da derinleştiriyor olmasıdır. Yara büyüdükçe tepkisel davranış artar, davranış arttıkça yara daha da çok kanamaya başlar.

Bu bağlamda ceza alan çocukta 3 davranış biçimi gözlemlenir:

1. Karşı koyma/Tepkiselleşme: Çocuk ya aktif olarak karşı koymaya ve zarar vermeye başlar (bağırır, vurur, eşyalara/kardeşine zarar verir, tükürür) ya da tepkisine pasif yöntemlerle çoğaltır (söyleneni duymazdan gelir, tam tersini yapar, sağır dinlemeye geçer, inadına olumsuz davranışlarda bulunur).

2. Kaçış/Uzaklaşma: Kaçma/Uzaklaşma davranışı bedensel veya ruhsal olarak görülebilir. Bedensel uzaklaşma evden kaçma gibi aşırı uç bir reaksiyon olabilecekken, odasına kapanma, ailesinin yanında durmama, arkadaşlarıyla bir hayat kurma ya da yalnız kalma gibi gerçekleşir. Ruhsal uzaklaşmada ise, çocuk evde olsa da, kendini annesine kapatmış, hayal dünyasının içinde yaşamaya başlamış, göz kontağını kesmiş, iletişimi minimum seviyede tutan bir haldedir. Eğer önlem alınmazsa kişilik gerilemesi, otizm, DEHB gibi süreçlere sebep olabilmektedir.

3. Aşırı İtaat/Duyarsızlaşma: Toplumumuz tam bir itaat kültürüne sahiptir. Büyüklerin yanında konuşulmaz, bacak bacak üstüne atılmaz, büyüklerin sözünden çıkılmayacağı gibi sözleri sorgulanmaz, anne-babanın bir dediği iki edilmez gibi algılarımız, küçüğün büyüğe tam itaat sağlamasını gerektiren bir sistemi anlatmaktadır. Öyle ya, biz anneler çocuğumuzdan övgüyle bahsederken şu cümleleri muhakkak kurmuşuzdur:

"Beni hiç üzmez, her dediğimi yapar."

"Hiç sözümden dışarı çıkmaz."

"Dizimin dibinden ayrılmaz."

Tabii bu sistem ebeveyn için konforludur. Çocuk kendi fikrini söylemediğinde, düşünmeyip yalnızca itaat ettiğinde anne-baba da daha az yorulmuş olacaktır. Bunu sağlamanın en kestirme yolu da ceza vermektir.

Oysa itaate alışan çocuk, sürekli itaat etmeye meyleder. Çocukluğunda alıştığı gibi, kendinden güçlü bir otoritenin boyunduruğu altına girmeye çalışır. Bu bazen kötü bir arkadaş grubu, bazen kendini döven bir eş, bazen olumsuz bir cemaat olabilir. Bulunduğu grubun yanlış olduğu, kurtulması gerektiği ona anlatılsa ve zihnen bunun farkında dahi olsa çoğu zaman 'hayır' demeye güç yetiremez. Kendini döven kocasına 'dur' diyemez, arkadaşları madde kullanmaya teşvik etse 'hayır' deyip karşı koyamaz, içinde bulunduğu cemaatin hatalarına karşı çıkıp 'bu böyle olmaz' uyarısında bulunamaz çünkü annesi tarafından sürekli 'evet' demeye mecbur bırakılmıştır.

Ayrıca negatif disiplin yöntemlerinin sadece psikolojimizi değil, fizyolojimizi de olumsuz etkileyen sonuçları vardır. Yapılan araştırmalar, ceza gören (baskılanan) çocukların içlerinde öfke ve kırgınlık tohumları beslediklerinden ve herkese yaranma güdüsüyle 'hayır' diyemeyen bireylere dönüştüklerinden dolayı astım ve alerjik rahatsızlıklara, kansere, Alzheimer, ALS gibi kas ve sinir hastalıklarına, egzama, sedef gibi karaciğer ve cilt rahatsızlıklarına daha yüksek oranda yakalandıklarını ortaya koymuştur. Yine pozitif disiplin metotları ile sevgi ve merhamet ikliminde yetişen çocukların bağışıklık sistemi, bu ortamdan mahrum yaşıtlarına göre çok daha gelişme göstermiş ve sağlıklı hale gelmiştir.

Bu bağlamda çocuklarımızın sadece psikolojik sağlığı için değil, fizyolojik sağlığı için de *'Bağırmayan Anne'* olmaya niyet etmemiz oldukça önemlidir.

Ceza işe yaramaz çünkü...

- Ceza alan çocuk yaptığı olumsuz davranışın bedelini ödemiş hisseder. Böylece davranışının yanlışlığı üzerine düşünmez, pişman olmaz, değişim ve dönüşüm gerçekleşmez.
- Ceza alan çocuk anne-babasına kızgınlık, öfke, kin, intikam ve nefret besler. Bu duygular 'karşı tarafa' yöneltilen duygulardır. Normalde olumsuz davranışta bulunan çocuk kendini suçlayıp düzelme için niyet edecekken, ceza aldığında kırılan onurunu korumak için anne-babasını suçlar. Kendi davranışına değil, anne-babasının davranışına odaklanır.
- Şiddet, bulaşıcı bir hastalık gibidir. Şiddet uygulanan çocuk, şiddet uygulamayı öğrenir. Olayları zorbalıkla çözmeye çalışır. Olumsuz davranışları çoğalır.
- Ceza veren ebeveyn, anlık öfkesini çocuğuna boşaltıp rahatlamış gibi olsa da, kısa süre içinde pişmanlık, vicdan azabı ve üzüntü hisseder. Bu duygudan kurtulmak için de aşırı hoşgörülü, abartılı sevgi gösteren ve her konuda taviz veren bir anneye dönüşür. İki uçta gidip gelen bu duygu durumları çocuğu tedirgin eder. Psikolojik anlamda derin yaralar almasına sebep olur.
- Ceza alan çocuk 'davranışının' değil, 'kendisinin' kötü olduğunu düşünür. Kötü olduğunu düşünen insanlar, kötü insanlara yakışır şekilde davranmaktan çekinmezler.

HAKARET ETMEYİN...

NEDENİNİ SÖYLEYİN...

Çocuklar neden olumsuz davranışlar gösterirler?

Her davranışın altında kişiye özel bir motivasyon, ihtiyaç ve duygu durumu olsa da, olumsuz davranışların temelde 3 nedeni vardır. Bu nedenlerden ilki *olumsuz duygular*'dır.

Gelin birlikte düşünelim, bir yetişkin ne zaman olumsuz bir davranış gösterir? Öfkelendiği, yorulduğu, kıskandığı, hakkının yendiğini düşündüğü, anlaşılmadığını hissettiği, strese girdiği, engellendiği... gibi olumsuz duygular biriktirdiği zamanlarda öyle değil mi? Çünkü hiç kimse, "bu sabah çok mutluyum, gideyim de bir çocuğumu döveyim" demez. Böylesi negatif bir davranış ortaya koymamız için, içimizde büyüttüğümüz ve baş edemediğimiz olumsuz bir duygu durumu olması gerekir.

Konu çocuk olunca da durum böyledir. Çocuklar olumsuz davranışlar gösterirler, çünkü içlerinde olumsuz duygular vardır ve çocukların, yetişkinlerden farklı olarak, bu olumsuz duygularla baş etme becerileri henüz gelişmemiştir. Özellikle okul öncesi dönem çocukları öfke gibi, kıskançlık gibi, engellenme gibi duygularla baş edemezler. Bu duyguları yönetemezler. Yani bir çocuk kardeşini kıskandığında gidip bir tane vuruyorsa, bunun yanlış olduğunu bilmediği ya da sizin sözünüzü dinlemediği için değildir. Bunun en önemli sebebi, kıskançlık duygusunu yönetme becerisi gösterememesidir. Duyguları yönetme becerisi 'sol beynin' işidir ve sol beyin 7 yaş sonrasında devreye girmeye başlar.

Bu bilgiden hareketle, evladının olumsuz davranışını ortadan kaldırmak isteyen bir anne, ilk iş olarak çocuğunun içindeki olumlu duyguları beslemeli ve büyütmelidir çünkü hiçbir çocuk olumsuz duygular hissederken olumlu davranışlar gösteremez. Bu nedenle, gördüğümüz en olumsuz davranışta bile evladımızı sarıp sarmalayarak, insanlık onurunu göze alarak, davranışının nedenini anlamaya çalışarak hareket etmemiz önemlidir. Buna *pozitif disiplin* denir.

Pozitif disiplin, çocuğa 'insan' olmasından kaynaklı saygı ve sevgi verme yöntemlerinin bütünüdür. Koşulsuz sevgiyi, saygıyı ve hoşgörüyü içerir. Geleneksel yöntemlerin, çocuğu âdeta bir eşyaymış gibi, susturan, itiştiren, baskılayan ve tahakküm altına alan yöntemlerinin aksine, onu ezip değersizleştirmeden ve her dediğini yapıp arsızlaştırmadan, insani özelliklerini koruyarak büyümesini sağlar.

İkinci sebep ise çocuklarımızın *'duygusal ihtiyaçlarının anlaşıl-mamasıdır'*. Araştırmalar gösterir ki, çocukların ihtiyaç duyduğu sevgi, ilgi, oyun, yakınlık kapları yeterince dolmadığında, *yani çocuklarımızın duygusal gelişim ihtiyaçları giderilmediğinde* uyum ve davranış problemleri görülmeye başlar. İçindeki duygu boşluğunu doldurmaya çalışan çocuk annesine yapışır, yılışır, şımarır, aşırı davranışlar gösterir. Bazen annesinin ilgisini üzerinde toplayabilmek adına, içgüdüsel bir yönelimle 'yaramazlık' yapar çünkü uyumlu ve sakin olduğunda annesi yanında değildir. İşiyle gücüyle ilgilenmektedir. Ne zaman ki çocuk taşkınlık yapar, o zaman anne ilgisini çocuğuna yöneltir. Bu negatif bir ilgi bile olsa, çocuk için bir iletişimdir. Aynı taze ekmek bulamayan çocuğun bayat ekmeğe razı olması gibidir.

Pam Leo, ihtiyaçların karşılanması konusunda hepimize hitap eden bir 'köpek' örneği verir. Örnek şöyledir:

"Evimizde bir köpeğimiz olsa ve tuvaleti geldiğinde kapıyı tırmıklasa, yapacağımız şey bellidir. Ona kapıyı açarız çünkü bir ihtiyacı vardır ve onu gidermek için bize sinyal vermektedir. Ama biz bu sinyali anlamaz ve kapıyı açmazsak, köpek tuvaletini yere yapar. Sizce burada sorun tuvaletini yere yapan köpekte midir? Yoksa ihtiyacını fark etmeyip kapıyı açmayan bizde mi?"

Sorun ne kadar köpekte olmasa da, ne yazık ki onun ihtiyaçlarına duyarlı olmaya gayret edeceğimize çoğu zaman 'kötü köpek, pis köpek, neden kakanı buraya yaptın' diyen kişiye dönüşürüz. Konu çocuğumuz olunca da durum böyledir; ihtiyacı görme, çocuk olumsuz davranış gösterdiğinde de, *yani ihtiyacını belli ettiğinde de* bağırıp çağır!

Oysa bizim bağırışlarımız ne çocuğumuzun ihtiyacını karşılar, ne de ona ihtiyaçlarını nasıl karşılayabileceğine dair yol gösterir. Bu nedenle çocuklarımızın olumsuz davranışlarına dair ilk soracağımız soru, "bu davranışı nasıl durdururum" değil, "çocuğumun neye ihtiyacı var" sorusu olmalıdır. Bu şekliyle olumsuz davranışın alt satırlarını okumak ve yavrumuzu anlamak mümkün olacaktır.

Bir diğer sebep ise **'bilmemektir.'** Çünkü çocuklar bilmezler. Masum bir şekilde olumsuz bir davranış içinde olduklarını fark etmezler. Zaten ebeveynlik dediğimiz şey de, çocuğumuzun acemi olduğu bu hayat yolculuğunda *'rehberlik'* vazifesi üstlenmektir. Olumsuz gördüğümüz davranışı önce kendimiz yapmayarak (örnek olma), sonra da evladımızın yapmaması için ona duygusal destek olarak (disiplin) gideceği yolun öncülüğüne soyunmak görevidir.

Disiplinde 3D yöntemi:
Doğru dil, doğru davranış, doğru an

1. Doğru dil nasıl olmalı?

Anne, benimle doğru konuş!

Daha önce de söylediğimiz gibi, hiçbirimiz yeni güne uyandığımızda "bugün çocuğumu bir güzel döveyim, bağırayım çağırayım, bir güzel söveyim" diye niyet etmeyiz çünkü hangi ülke, ırk, yaş, kültürel durumda olduğu fark etmeden, istisnasız her anne çocuğunu sever ve onun iyiliği için hareket etmek ister. Bu kaçınılmaz bir güdülenmedir çünkü hormonlarımız, duygularımız, kalbimiz, aklımız bize sevgi dolu bir anneliği öğütler. Bu yüzdendir ki, her yeni günü "bugün çocuğuma bağırmayacağım, onu incitmeyeceğim, dövmeyeceğim" duasıyla karşılarız. Lakin bu duamıza rağmen, daha gün bitmeden kendimizi elimiz belimizde çocuğumuza bağırırken, onu tehdit eder ya da yıkıcı eleştirilerle küçük düşürürken bulabiliriz.

Bunun iki önemli nedeni vardır. İlki, yalnızca psikolojik rahatsızlıkları olan annelerin çocuklarını çok hırpaladıkları ve yanlış davranışlarda bulundukları inancımızdır. Bizim gibi, çocuğunu zaten seven ve onun iyiliğini isteyen bir annenin, çocuğunda duygusal boşluklara ya da psikolojik sıkıntılara sebep olabileceğini düşünmek istemeyiz.

Büyük oğlum henüz 3 yaşındayken, oturma odamızda duran yürüyüş bandına çıkmış oyun oynuyordu. Sonra birden eli yanlışlıkla hız ayarına değdi ve alet hızlandı. Aletin hızlanmasıyla Enes'in yere kapaklanması bir oldu. Düşerken makinenin kenarına eli sıkışmış ve elinin üst derisi oldukça derin bir yara halinde sıyrılmıştı. Yanına koşup elini gördüğümde, ben daha hiçbir şey söylememişken, oğlumun ona kızacağımdan korkar gibi bana bakıp "Hiçbir şey yok anne, acımıyor" demesi bende soğuk duş etkisi oluşturdu çünkü –aynı sizler gibi– ben de çocuğunu seven, ona sevgisini hissettirmeye gayret eden, kendimce başarılı ve iyi bir anneydim. Ama bu olay bana gösterdi ki, en iyilerimiz bile bazen çocuğumuzu baskıladığımızın, onun acısını bile yaşayamadan kendisine bağıracağımız ya da kızacağımızı düşünerek -mış gibi davranmasına sebep olduğumuzun, kısacası onu korkuttuğumuzun farkında olamayabiliyoruz. Ruhen gayet sağlıklı, sevgi dolu ve şefkatli bir anne olduğumuzu düşünüp bir yandan çocuğumuza cezalar veriyor, alay ediyor, tehdit ediyor, suçluyor, rüşvet veriyor, küçük düşürüyoruz.

Tüm bu davranışları yapıyor olmamızın sebebi ise, bizi ikinci nedene götürüyor. Çocuklarımıza bu tür tutumlarda bulunuyoruz çünkü kelimelerimizin ne denli derin izler bırakabileceğinin farkında değiliz. Oğlumun elindeki yaranın izi geçti ama eğer o an, *"Dikkat etsene, aptal, kolun kopacaktı, bıktım senden"* tarzı bir cümle sarf etmiş olsaydım, aradan geçmiş yıllara rağmen küçücük bir kıymık gibi yüreğinin ortasında kanayıp duran bir yara bırakmış olacaktım. Beceriksizlik, değersizlik ve sevgisizlik yarası...

Oysa düşünecek olsak, hiçbirimiz kendi annemizden böylesi sözler işitmek istemeyiz ve trajikomik bir şekilde, kendimize yapılmasını istemediğimiz bu muameleyi fütursuzca evlatlarımıza yöneltiriz. Bunun sebebi sevgi ya da merhamet eksikliği değil, çoğunlukla anlayış ve bilgi eksikliğimizdir çünkü *bağırmayan annelik*'ten bahsedebilmek için, sevgi ve içgüdüsel annelik yöneliminin yanında doğru bilgiden de bahsediyor olmamız gerekir.

Nitekim çocuğumuzu sevmek bir 'duygu', sevgimizi ona nasıl gösterdiğimiz ise anneliği sanata dönüştüren bir 'bilgi'dir. Bir anne çocuğunu çok sevdiği için oyuncakçının önünden her geçtiklerinde çocuğuna oyuncak alıyorsa eğer, sevgisini yanlış ifade etmiş olur çünkü bu davranışı ile çocuğunu doyumsuz ve hazcı yapar. Aynı anne, çocuğu oyuncak için ağladığında, sevecen bir tavırla "almak istiyorsun, seni anlıyorum ama bugün oyuncak alma günümüz değil" demiş olsa, işte o zaman sevgisini doğru davranışla göstermiş olacaktır. Bunu yapabilmek için de, duygularını nasıl ifade etmesi gerektiğini bilmesi, yani duygularını *doğru bilgiyle* beslemesi gerekir.

Doğru bilgi, bizi doğru kelimelere ulaştırır çünkü çocuklarımızla iletişimimizi güçlendiren en önemli adım, olaylara nasıl tepkiler verdiğimizdir. Zira tepkilerimizde kullandığımız 'kelimeler' muhatabımızda ya saygınlık hissi oluşturacaktır, ya da değersizlik ve aşağılanmışlık duygularını çoğaltacaktır.

Bu bağlamda diyebiliriz ki, disiplinin en önemli aracı kullandığımız kelimelerdir. Çocuğumuza neyi nasıl söylediğimiz, hangi kelimeleri seçtiğimiz ya aramızdaki çatışmanın sebebi olur ya da anne-çocuk bağlanmasının gücüne güç katar. Bu yönüyle bakıldığında, aslında nasıl konuşacağımızı kontrol altında tutmak, biz anneleri de disipline eden bir yöntemdir. Kızdığımızda, öfkemiz tavan yaptığında, sinir stres anlarında 'gelişine' konuşmaktan çıkıp, muhatabımıza insan olmanın saygınlığına yaraşır şekilde hitap edebilmek, bir yetişkin için muhakkak geliştirilmesi gereken bir haslettir.

Çocuklar, kendileriyle saygın bir iletişim kuran, sözlerini nezaket ve sevecenlikle dinleyip önemseyen yetişkinlerle duygusal bir bağ kurarlar çünkü ancak böylesi bir iletişim ağı içerisinde önemsendiklerini ve değer gördüklerini hissedebilirler. Bu duygusal bağ, çocuğumuzun bizim sözlerimizi ciddiye almasını ve kurallarımıza uymasını mümkün kılan bağdır. Nitekim insan sevgi bağı kurduğu kimseleri üzmek istemez. Bu nedenle ona uyumlanma ve mutlu etme gayreti gösterir.

Tam ters noktada bizi aşağılayan, eleştiren, görmezden gelen, utandıran, korkutan, bağırıp çağıran kimselerle kurduğumuz ilişki, negatif duygular üzerine bina olan bir ilişkidir. Bir çocuk için bu durum, tepkiselleşmenin, agresyon göstermenin ve uyumsuz davranışlarda bulunmanın kapısını aralayan süreci başlatmış olur. "Çocuğum çok tepkisel davranıyor, hiç sözümü dinlemiyor" demek, aslında bir anne olarak onunla sevgi bağı kuramıyorum demektir çünkü bağ zayıfladıkça annenin çocuk üzerindeki tesiri azalır. Tesir azaldıkça, anne baskısını artırmaya başlar. Baskı arttıkça da anne-çocuk arasındaki bağ daha da incelerek kopma noktasına doğru ilerler. Bu yüzden, sıklıkla kullandığımız bazı anne cümlelerini ve tavırlarını fark etmemiz, sonrasında da yerine pozitif iletişim becerileri koyarak değiştirmemiz gerekir.

Çocuğumuza neyi nasıl söyleyelim?

Etkili ve doğru iletişimde dikkat edeceğimiz belli adımlar, belli kalıplar vardır. Bu adımlara dikkat ettiğimizde anne-çocuk arasındaki saygın ve insani iletişim filizlenmeye başlar. Maddeler halinde inceleyecek olursak;

1. Madde: Bir yetişkine söylemeyeceğin hiçbir cümleyi çocuğuna söyleme

Bu, doğru iletişimde ilk adımdır ve itiraf etmek gerekirse en zor olanıdır. Zira biz anneler çocuklarımızı çoğu zaman 'adam'dan saymayız. Anlamaz ki, incinmez ki, önemli değil ki gibi düşünürüz. *(Ya da en azından davranışlarımız öyle düşündüğümüzü gösterir.)*

Oysa çocuklar anlarlar, incinirler, utanırlar ve mahcup olurlar. Bu nedenle bir yetişkine söylemeyeceğimiz hiçbir cümleyi bir çocuğa söylememek gerekir.

"Kapıyı kapatsana, ahırda mı doğdun sen?"

"Git çabuk yıka bakayım o pis ellerini!"

"Bir gün de insan gibi yediğini göreyim şu yemeği!"

"Yüzünü gözünü eğip durma, bi çakarsam bir de yer çakar!"

Bu tarz cümleler 'saygın' ve 'sevgi dolu' olmaktan çok uzaktır. Bizlerin eşimize, dostumuza, komşumuza, patronumuza 'ayıp olmasın' diye söylemeyeceğimiz cümle kalıplarıdır. Çocuklarımıza söylememizin nedeni ise, böyle söylemezsek, yani korkutmazsak sözümüze itibar etmeyeceklerine inanmamız ya da çocuklarımızın bir yabancıya gösterdiğimiz hassasiyeti hak etmediğini düşünmemizdir.

2. Madde: Bir yetişkine kullanmayacağın tonlamayla çocuğuna konuşma

Araştırmalar, beden dilinin ve sesimizdeki tonlamanın söylediğimiz kelimeden çok daha tesirli ve önemli olduğunu söyler. Yani söylediğimiz kelimede problem olmasa da, beden dilimiz veya sesimizin tonlaması şiddet içeriyor olabilir.

Bunu yetişkin dünyasında yapmayız çünkü yaparsak, büyük olasılıkla karşılığını alırız. Sesimizi inceltir, şefkatli bir tonlamaya getirir ve sevecen bir beden diliyle yetişkinlerle iletişim kurarız.

Oysa şöyle bir etrafımıza baksak, parkta oynayan çocuğuna vaktinin dolduğunu söylemek için "Hadi eve gidiyoruz" diyen annenin tonlamasındaki öfkeyi rahatlıkla duyabiliriz. Hatta bazen çocuğumuza "sorun yok" diyen kelimelerimiz bile bir sorun olduğundaki kadar sert ve stres doludur:

"Bardak kırıldı ama sorun yok oğlum! Sana bir şey olmasın!!! İnan ki bak, sorun yok!!!"

3. Madde: Hakaret etme, utandırma, nasihat verme

Yeni evlendiniz ve ilk kez mercimek çorbası pişireceksiniz diyelim. Çok heyecanlısınız, internetten tarifini buldunuz, baka baka, özenerek yaptınız ve eşinizin önüne koydunuz. Çorbadan bir kaşık aldı ve yüzünü ekşiterek şu cümlelerden birini kurdu:

"Senin kadar beceriksiz bir kadın görmedim ben! Çorba mı şimdi bu?" (Hakaret)

"Ayy kusacağım şimdi, çok kötü olmuş bu çorba, şaka yapıyor olmalı-

sın!" (Utandırma)

"Olsun, üzülme, her işi bececeksin diye bir şey yok, annem öğretir sana çorba yapmayı" (Nasihat verme)

Hangisi hoşunuza gitti? Gün boyu uğraşmanızın, gayretinizin görülmemesi ve sadece ortaya çıkan sonuca göre yorum yapılıyor olması mı? Yoksa bu yorumlardan her birinin insani iletişimden uzak ve kırıcı olması mı?

Gelin başka bir örneğe bakalım. Bir iş için farklı bir şehre gitmeniz gerekti ve oradaki akrabanızda kalacaksınız. Eve gelip kapıyı çalıyorsunuz. Akrabanız kapıyı açıp "hoş geldin" dedikten sonra, "Aa bu montu mu giydin, hava soğuk keşke kalın giyinseydin" diyor. Ayakkabınızı çıkarırken, "biz orada değil, şurada çıkarıyoruz, keşke orada çıkarmasaydın" diyor. Siz tam içeriye girecekken, "ayakkabını ayakkabılığa koymayı düşünmüyor musun genç hanım!" diyor. Yemeğe oturuyorsunuz, "Senin için pırasa pişirdim" diyor ve tabağınıza yiyebileceğinizden fazlasını koyuyor. Pırasayı çok sevmiyorsunuz ama ayıp olmasın diye 1-2 çatal alıyorsunuz. "Aa hiç tabakta yemek bırakılır mı, ne ayıp! Bitir bakalım yoksa arkandan ağlar, Afrika'daki çocukları düşün, sen yemek beğenmezken onlar açlık içindeler" diyor, sonra başlıyor yemeği size zorla yedirmeye...

Bu denli kontrol edilmek, eleştirilmek, yönlendirilmek hoşunuza gider miydi? Ya da şöyle sorayım, bir daha o akrabanıza gider miydiniz? Muhtemelen hayır!

Çocuklarımızın bizden beklediği şey, aslında bir yetişkin olarak bizlerin beklediği şeyin aynısıdır: Kendisiyle kırmadan, dökmeden, yetersiz ve beceriksiz hissettirmeden kurulan bir iletişim... Buna 'anlayış' denir. Kötü bir çorbayı eşimizin önüne koyduğumuzda, çorbadan bir kaşık alıp mütebessim bir çehreyle, tüm yapıcı eleştirilerinden önce "Eline sağlık canım, tüm gün uğraştın ve ilk çorbanı yaptın" demesi, *yani bizi anlamasıdır.* Tuzunu bir dahakine az koymamız gerektiği, et suyuyla daha lezzetli olabileceği, mercimek çorbasında nohudun işinin olmadığı hep sonraki aşamada konuşulacak cümlelerdir.

Doğru kelimeler ve doğru cümleler hakkında öneriler

Çocuğumuza bağırmayalım da ne yapalım?

Bağırmak, annelik seyrimizde bir 'problem çözme stratejisi'ne dönüştüğünde, yani her dara düştüğümüzde, çocuğumuzu durdurmak ve ortamı kontrol etmek istediğimizde bağırmaya başlıyorsak, o zaman çocuklarımıza "kontrolü ele geçirmek istediğinde bağır" mesajı vermiş ve böylelikle 'zorbalığı' öğretmiş oluruz. Her ne kadar anne-babanın uyguladığı şiddet davranışlarına 'disiplin', çocuğun diğer çocuklara uyguladığı şiddet davranışlarına 'akran zorbalığı' deniyorsa da, kim kime ve ne sebeple uyguluyor olursa olsun, şiddet davranışı uygulayan kişi kelimenin tam anlamıyla 'zorbalık' yapıyor demektir. Bu nedenle bağırmak yerine yapabileceklerimizi düşünmek, çocuğumuza modellediğimiz iletişim kalıbı açısından oldukça önemlidir.

Bağırma eylemi, bir anne değiştirmeye niyet ettiğinde, bugünden yarına hızla değişebilecek bir alışkanlık değildir. Bağıran annelikten sükûnetli anneliğe geçiş zaman alır ve gayret gerektirir. Bu süreçte hem çocuklarımızla bağımızı güçlendirmek, hem de onlara ekibin bir parçası gibi hissettirebilmek için 'uyarı kelimeleri' belirleme yöntemi çok işlevseldir.

Çocuğumuza, "Ben artık bağırmayan bir anne olmak istiyorum. Bu konuda yardımınıza ihtiyacım var" deyip, kontrolü kaybedip bağırmaya başladığımız anlarda bizi uyarması için bir 'kod' belirleyebiliriz. Aramızdaki bu özel kod, bazen kaşları hareket ettirmek ya da kulakları kapamak gibi 'sözsüz' bir işaret olabilecekken, 'kırmızı, gergedan, çığlık, sevgi' gibi aramızda belirlediğimiz bir 'şifre' de olabilecektir. Daha büyük yaşta bir çocuğumuz varsa, direk, "anne bağırıyorsun ve bu beni korkutuyor" gibi bir cümle kurmasını istemek de faydalı olacaktır.

Çocuğumuz bu şifreli kelimeyi/cümleyi kullandığında durmalı, soluklanmalı ve "uyardığın için teşekkür ederim, birden öfkelendim, öfkemi konuşarak da ifade edebilirim, bağırmamalıydım" diyebiliriz. Böylelikle çocuğumuzla bağımızı koparmadan kızgınlıklarımızı konuşmuş ve iletişim kurmuş oluruz. Öyle ya, kızgınlığımızı ifade etmemiz için bağırmamız gerekmez. Zaten beden dilimiz, yüz ifademiz öfkemizi çocuğumuza yeterince hissettirir. Böylesi anlarda aklımıza "ama çocuğum hata yaptı, bağırılmayı hak etti" gibi bir mazeret gelirse, kendimize şunu fısıldamamız yararlı olacaktır: *"İnsanlar hata yapar, hatalar konuşulur, sonuçları yaşanır, bedelleri ödenir ama hiçbir insan bağırılarak küçük düşürülmeyi hak etmez. Hele ki karşımızdaki küçük bir çocuksa..."*

Çocuğumuza 'yapma' demeyelim de ne yapalım?

Pek çok eğitim stratejisi ve pedagoji kitaplarının birçoğu 'ne yapmamamız' üzerine inşa olduğu için, biz ebeveynler de çoğu zaman çocuklarımıza yapmalarını istediğimiz şeyi değil, yapmamaları gerekenleri söyler bir üslup benimseriz. Kardeşine vurma, kıyafetini oraya koyma, suyu etrafa sıçratma, oyuncağını sağa sola atma, ses çıkartma, kıpırdama, koltukta zıplama... gibi onlarca ebeveyn cümlesi, anne-çocuk arasında disiplinsiz bir ilişkinin de zeminini hazırlar. Zira ironiktir ki, bizler çocuklarımıza disiplin vermek için 'yapma' derken, insan zihninin '-me, -ma' ekini yok sayıp 'yap' kısmına odaklanan hali, çocuklarımızı daha disiplinsiz bir güdülenmeye yöneltmiş olur. Biz 'yapma' deriz, çocuğumuz 'yapar'.

Oysa çocuğumuzdan ne beklediğimizi/istediğimizi söylememiz, çocuğumuzun sözümüzü dinleme olasılığını büyük oranda artırmış olur. "Koltukta zıplama" demek yerine "koltuk oturmak içindir", "kardeşine vurma" demektense "öfkelendiğinde yastığa vur", "kumandayı yere atma" yerine "oyuncak kumandayı yere atabilirsin" demek çok daha doğru ve öğreticidir. Nitekim küçük çocuklar, hatta bazen büyük olanlar bile hayatın acemisidirler ve bizden yanlışlardan çok doğruları öğrenmeye ihtiyaç duyarlar.

Çocuğumuza emir vermeyelim de ne yapalım?

Emir vermek, emir verenle emir alan arasında despot ve baskıcı bir bağ oluşturan negatif bir iletişim biçimidir çünkü insan ruhu özgür yaratılmıştır. Kendine kurulan baskıyı hisseder ve kendi menfaatine bir söylem olsa dahi karşı çıkma refleksi gösterir. Anneler çocuklarına emir verdiğinde çocukların inatlaşması, karşı çıkması, duymazdan gelmesi ya da emri dinlese bile söylenerek, ayak direterek yerine getirmesi bu yüzdendir.

Çocuğumuza bir şey söyleyeceğimiz zaman, emir vermek yerine kullanabileceğimiz daha işlevsel yöntemler vardır. "Beraber yapalım mı?" diye sormak, "şundan sonra şu olacak" bilgilendirmesinde bulunmak ya da "şimdi şunun vakti" demek çocuğumuzun bizimle inatlaşmadan işbirliğine yanaşma ihtimalini artırmış olur.

Örneğin bahçeden eve dönen çocuğumuza "git o pis ellerini yıka çabuk" demek yerine, "haydi ellerimizi yıkayalım" demek daha insanidir. Yine önceden hiçbir şey demeden, birdenbire kızarak "televizyonu kapat artık, yatma vaktin geldi görmüyor musun" diye bağırmaktansa, "5 dakika sonra televizyonu kapatıyoruz, sonra da yatacağız" demek çocuğumuzun sürece kendini hazırlamasına olanak sağlayacaktır.

Burada şu önemli detayı bilmek faydalıdır. Okul öncesi dönem dediğimiz 0-6 yaş aralığındaki bir çocuğa kullanılan dil, 'rica dili' olmamalıdır. Yani çocuğumuzun yapması mecburi davranışlarını belirtirken "şunu yapar mısın" demek doğru değildir çünkü o yaş döneminde sol beyin, yani mantık aktif değildir. Çocuğumuzun kararları mantıklı olmaktan uzak, duygusal kararlardır ve dönemi gereği çoğunlukla 'haz' odaklıdır. Eğer biz çocuğumuza "ilacını içer misin" dersek, alacağımız cevap "hayır" olur. Zaten ilacı içip içmemek çocuğun inisiyatifinde değil, annenin kontrolünde olmalıdır. Bu nedenle bu yaş dönemi çocuğuna kural bildirimi yaparken "ilaç saati", "oyuncakları toplama vakti" gibi bir yönlendirme yapmak daha doğru olacaktır.

Çocuğumuzu ikaz etmeyelim de ne yapalım?

Çocuklar hayatın acemi yolcularıdır. Tecrübesizlerdir. Bir yetişkin gibi tehlikeyi öngöremedikleri için de, biz anneler onları sıklıkla uyarma ihtiyacı hissederiz: "Aman dikkat, düşeceksin, canın yanacak, dikkatli ol"... Oysa bir çocuğa "dikkatli ol" demek, nasıl dikkatli olunacağını öğretmez. Sadece "bu konuda hata yapacaksın" mesajı verir ve çocuğumuzun özgüvenini zedeler. Bu nedenledir ki, bir süre sonra çocuğumuz "yeter artık, ben biliyorum" diyerek tepkisini göstermeye başlar.

Elbette biz annelerin 'dikkat' uyarısı çocuğumuzu koruma refleksiyledir. Lakin bu yönelimimizi doğru ifadeler kullanarak hayata geçirmek daha tesirli olacaktır. Çocuğumuz eğer küçükse, ona "dikkat et, düşeceksin" demek yerine, ne yaparsa düşmeyeceğini tanımlamak daha doğrudur. "Merdivenden inerken yavaş yürü ve tırabzanı tut" gibi...

Daha büyük çocuklar akıl almaktansa akıl vermekten hoşlanırlar. Onlarla kurduğumuz iletişimde, "sence dedenlere bisikletinle giderken arabalardan korunmak için ne yapman gerek" tarzı 'fikir alma' cümleleriyle doğru cevabı kendisinin bulmasını sağlayabiliriz. Böylece hem biz annelerin güvenlik ihtiyacı giderilmiş, hem de çocuğumuz cevabı verirken yapması gerekenleri kendi kendine hatırlatmış olur.

Çocuğumuzu kıyaslamayalım da ne yapalım?

Biz anneler, sözüm ona çocuklarımızı gayrete getirmek ve şevklerini artırmak için kendilerinden daha iyi yapan çocuklarla kıyaslarız. "Ali her gün odasını topluyormuş. Senin odan hep dağınık" dediğimizde, aslında "Annen olarak odanı derli toplu tutmanı istiyorum" demek isteriz. Ama ne yazık ki bunu en yıkıcı yolla yapmayı seçeriz.

Kıyaslamak yıkıcıdır çünkü her insan biriciktir ve başkalarında olan özelliklere sahip olmak zorunda değildir. Kıyaslamak yıkıcıdır çünkü hiçbir annenin, çocuğundan "Ali'nin annesi hiç bağırmıyormuş, keşke onun gibi olsan" gibi bir cümle duymak istememesi gibi, hiçbir çocuk da böyle cümlelere maruz kalmak istemeyecektir. Hele ki kıyaslanan çocuklarda kökleşen yetersizlik duygusunu göz önüne aldığımızda, rahatlıkla diyebiliriz ki, bir çocuğa kıyaslayarak bir özellik kazandırmaktansa, o özelliği hiç kazandırmamak belki de daha iyidir. Nitekim başka biri gibi olduğunda annesi tarafından takdir edileceğini düşünen bir çocuk olmak, kendi gibi olup belki bazı konularda eksik olmaktan çok daha dehşetli ve çok daha üzüntülü bir haldir.

Bunun yerine çocuğumuzdan istediğimiz şeyleri direk söylemek yeterli olacaktır. "O bunu der", "arkadaşın şöyle yapmış", "onun karnesi pekiyiymiş" gibi cümleler kurmaktansa, "odanı toplamanı istiyorum", "derslerinde biraz daha gayretli olmalısın", "bu konuda sana yardımcı olmamı ister misin" tarzı cümleler çok daha doğru ve etkili olacaktır.

2. Doğru davranış nasıl olmalı?

Anne, bana sevdiğin biriymişim gibi davran!

Bu cümle Dr. Marshall B. Rosenberg'in *'Şiddetsiz İletişim'* tekniklerinin bel kemiğini oluşturur. Zira bir anne-baba çocuğuna en kızgın, öfkeli, kırgın olduğu anlarda bile onu seviyordur. O zaman duygu durumumuz ne olursa olsun, onu ifade ederken çocuğumuza 'sevdiğimiz biri gibi' davranmamız önemlidir.

İnsan sevdiğini kırmak, üzmek, bile isteye canını acıtmak, yaralamak, hasta etmek, psikolojisini bozmak istemez. Bu noktada 'doğru davranışın' ilk adımı, karşımızdakinin 'sevdiğimiz bir insan' olduğu bilinciyle, insanca tutumlarda bulunmaktır. Bunun için de dikkat edeceğimiz belli maddeler vardır:

Çocuğunuza karşı çıkmayın, davranışa karşı çıkın

Öfkeli anlarımızda kullandığımız cümleler çoğunlukla 'çocuğa' karşı çıkar, onun kişiliğine saldırır. Odasını toplamayan çocuğa "Pis pasaklı seni! Senin kadar dağınık bi çocuk görmedim!" demek, çocuğun odasını toplamama davranışını değil, bizatihi karakterini hedefler. Böylesi bir saldırı çocuğumuzun izzeti nefsini yaralar. Geri tepki ve savunma oluşturur.

Oysa çocuğumuza tokat gibi yapıştırdığımız bu negatif etiketler yerine kullanabileceğimiz onlarca farklı cümle vardır:

"Şimdi toparlanma vakti! 5 dakikalık süreni kuruyorum. Toplanmayan oyuncaklarını önemsemediğini ve ayırdığını düşüneceğim."

"Odanı toplamadığını görüyorum ve bu beni kızdırıyor."

"Odanı toplamadığında aradığını bulamıyorsun ve yardımımı istiyorsun. Ama ne yazık ki yardımcı olamam."

"Odanı toplamadığında yerdeki oyuncaklara basıp kırma ihtimalimiz var, haberin olsun."

Bu cümlelerin en önemli özelliği 'yargı' içermiyor ve 'suçlamıyor' olmalarıdır. Tembel, pasaklı, pis çocuk gibi etiketleri yoktur, ayrıca çocuğu kötü hissettirme amacı gütmezler. Sadece odasını toplama davranışının önemine vurgu yaparlar. Zira çocuğa 'pasaklı' demek ona derli-toplu olma becerisi kazandırmayacağı gibi, zaman içinde kendini gerçekleştiren bir kehanet gibi, çocuğumuzun bu etikete uygun davranmasına yol açar.

Davranışa değil niyete odaklanın

Ergenlik öncesi dönemde çocukların davranışları ne denli olumsuz gözükürse gözüksün, niyetleri masum ve temizdir.

Yıllar önce küçük oğlumla babasının iş yerine gitmiştik. Bir toplantımız vardı ve Eymen'i bırakabileceğimiz kimse yoktu. Yanımıza bazı oyuncaklar aldık ama iş yeri küçük bir çocuğun toplantı boyunca sessiz sakin oturabileceği bir ortam değildi elbette... Eymen de bir süre sonra oyuncaklarından sıkıldı, babasının ödüllerinin olduğu dolaba yönelip onlarla oynamaya başladı. Biz farkına varmadan koca dolap aşağı inmiş, odanın her yerine ödüller, plaketler, kütüphanede duran kitaplar yayılmıştı. Odanın halini fark ettiğimizde eşimin tepkisi şu oldu: "Her yeri dağıtmışsın!" Oysa Eymen her yeri dağıtmak için yapmamıştı, hatta dağıttığının farkında bile değildi. Onun niyeti yeni gördüğü ortamı keşfetmek ve oyun oynamaktı.

Çocuklarımızın ihtiyaçlarını ve niyetlerini görmeye başladığımızda rahatlarız ve çocuklarımıza kızmaktan vazgeçeriz çünkü "dağıttın" dediğimizde, "ben toplamıştım, sen bana inat bozdun" anlamı varken, "merak ettin ve oynuyorsun" demiş olsak, çocuğumuza toplantımızı bölmeden kendini oyaladığı için şükran bile duyar hale geliriz.

Özel zaman ayırın

Her çocuğun anne ve babasıyla ayrı ayrı geçirdiği özel zamanlara ihtiyacı vardır. Bu, bağ kurmak için çok önemlidir. Bağ kurmadan disiplin uygulayamayacağımız için de, bu davranış disiplinin temelidir.

Lakin günümüzün koşuşturmacalı ebeveyn dünyası sıklıkla "Çocuğumla nasıl özel zaman geçireyim, 3 çocuğum var" der. Birden fazla çocuğu olan anneler için tüm çocuklarını 'çocuklar' olarak adlandırıp hep birlikte vakit geçirme planları yapmak daha cazip gelir. Oysa onlar 'çocuklar' değildir, onlar tek tek Ali, Ayşe, Ahmet'tir. Zaman zaman ortak geçirilecek vakitlere gereksinim duysalar da, her gün anneleriyle baş başa zaman geçirmeye ihtiyaçları vardır.

Araştırmalar, her gün çocuklarıyla 15 dakika özel zaman geçiren annelerin sözlerinin daha tesirli olduğunu, çocuklarıyla daha rahat iletişime geçtiklerini ve çocukların daha mutlu olduklarını ortaya koyar. Bu yüzden, hiç değilse günde 15 dakikalık özel zamanlar oluşturmak, biz annelerin yemeği, uykuyu planlaması kadar elzem ve gereklidir.

Oyun oynayın

Çocuğun dili oyundur. Garry Landrenth, çocuk ve oyunun ayrılmaz bütünlüğünü tarif ederken şu tanımı kullanır:

"Kuşlar uçar, balıklar yüzer, çocuklar oyun oynar..."

Yani çocuğun oyun oynaması, kuşun uçması ve balığın yüzmesi kadar fıtri ve önemlidir. Gelişimi ve sağlığı için olmazsa olmaz nitelikte kıymetlidir. Bu bağlamda bir annenin çocuğuyla iletişim kurmasının en keyifli ve tesirli yolu da oyun oynamasıdır.

Yine konu disiplin olunca, oyunun önemi bir kez daha anlaşılır. Disiplin dediğimiz şey bir şeyi yapmayı öğretmek, çocuğumuzun duygu ve davranış kontrolü sağlamasına yardım etmek, kendine yetmeyi öğretmektir. Bütün bu kazanımları çocuklar oyun oynayarak edinebilirler.

Çocuğun yönettiği, ebeveynin 'müdahil' değil 'dahil' olduğu bir oyun sırasında çocuk sosyalleşir, dil becerileri artar, özgüveni gelişir, annesiyle bağı kuvvetlenir, problem çözme becerisini artırır, sıra beklemek, sabretmek, kazanmak, kaybetmek gibi durum ve beceriler edinir. Böylelikle bir ebeveynin 'anlatarak' zorlukla öğretebileceği hasletler, bir oyunun içinde eğlenerek, 'yaşanarak' öğrenilmiş olur.

Sarılın

Sarılmak kolay ve basit bir eylem gibi gözükse de, insan psikolojisine büyük katkıları olan muazzam bir etki oluşturur.

Sarılmanın ilk etkisi vücutta oksitosin salgılanmasına neden olmasıdır. Oksitosinin insan vücuduna büyük etkileri vardır. Bu etkilerden ilki, bağlanma hormonu olmasıdır. Anne doğum yaptığında, emzirirken ve çocuğuna sarılırken oksitosin salgılanır. Bu hormon sayesinde çocuk da anne de sakinleşir ve bağları kuvvetlenir.

Bu mucizevi hormonun bağışıklık sistemini harekete geçiren ve kişiyi daha sağlıklı hale getiren bir yönü de vardır. İnsan ne kadar sarılırsa o kadar sağlıklı olur. Çocuğa sarılmak, onun fizyolojik sağlığını da koruyan bir etki gösterir.

Oksitosinin bir diğer faydası ise 'ağrı kesici' olmasıdır. Bu hormon çocuğun ruhsal yaralarına ve dahi bedensel ağrılarına doğal bir ilaç gibidir. Bir yerimiz acıdığında orayı ovuşturmamız, bize dokunarak salgılanan hormonları işaret eder. Yine psikolojik olarak acı çektiğimizde sevdiğimiz birine sarılarak rahatlamamız, oksitosinin ağrı kesici etkisiyle ilgilidir.

Yıkan değil, yapan bir anne olun

Eleştiri, kıyaslama, ikaz, öğüt ne denli yıkıcı ise, övgü, cesaret verme, yüreklendirme de o kadar yapıcı ve geliştiricidir.

"Bence sen yapabilirsin..."

"Böyle yapman faydalı olabilir."

"Görüyorum ki, bugün daha iyi yapıyorsun."

"Gayretini tebrik ederim."

"Eminim ki..." gibi ifadeler, çocuğumuzu 'yapamadıklarına' değil 'yaptıklarına' odaklar. Böylelikle zihin çözüm odaklı çalışmaya başlar. Problemleri değil çözümleri görür. Mazeret değil alternatif oluşturur.

Seçenekler sunun

Seçenek sunmak, çocuğumuzun hayatı hakkında sorumluluk almasına ve kendi kararının sonucunu yaşamasına olanak sağlar. Lakin seçeneklerin doğru sunulması anne-çocuk iletişimi için oldukça önemlidir.

Seçenekler sonsuz olmasın: Kararı çocuğa bırakmak önemlidir ama sınırsızca karar hakkı tanınan ortamda 'demokrasi' değil 'anarşi' vardır. Bu nedenle çocuğa, "Kahvaltıda ne yemek istersin" diye sormak yerine, "omlet mi istersin, menemen mi" diye sormak çocuğun da annenin de işini kolaylaştırır.

Seçeneği sınırlayın: Özellikle küçük çocuklarda iki şıktan fazla seçenek sunmak çocuğumuzun kafasını karıştırabilir ve kaygısını artırabilir. Bu nedenle, "Bu eteğini mi giymek istersin, yoksa bu elbiseni mi" diye iki şık arasından seçme hakkı bırakmak önemlidir. Yine market/oyuncakçı ziyaretlerinde alınacakların belli olması çocuğun seçme ve mutlu olma olasılığını büyük oranda artırır.

Yapmaya mecbursa seçenek sunmayın: Hayatta bazı şeyler mecburen yapılır. Okula gitmek, ilaç içmek, aşı olmak gibi bazı durumlar, o an hoşlanmıyor olsak da yapmak zorunda olduğumuz işlerdir. Bu nedenle çocuğumuza bir seçenek sunar gibi, "İlacını şimdi mi içmek istersin, sonra mı" tarzı bir soru sormak doğru değildir. Bunun yerine, "şimdi ilaç zamanı" deyip ilacı vermek gerekir.

Seçeneğin sonucunu takip edin: Eğer çocuğunuza, "Topla evde oynanmaz. Top oynamak istersen bahçeye inebilirsin ya da evde kalmayı seçersin ve diğer oyuncağınla oynarsın" seçeneğini sunduysak ve o evde kaldıysa, o zaman top oynamaya devam etmesine izin vermememiz gerekir. "Eğer evde kalmayı seçtiysen, topu alıyorum" deyip diğer oyuncaklara yönlendirmek doğru olur.

Role play yapın

Kendinizi çocuğunuzun gözünden görmek ister misiniz? O zaman bir süreliğine o anne/baba olsun, siz de çocuk olun. Siz çocuğunuz gibi davranmaya gayret edin ve çocuğunuzun sizi nasıl yansıttığına bakın. Kızıyor mu, bağırıyor mu, dövüyor mu, gülümseyen bir yüzü mü var, yoksa kaşları çatık mı?

Bu uygulama hem çocuğumuzun zihnindeki ebeveyn şemasını görmemizi sağlar, hem de biz yetişkinlere çocuk olmanın ne demek olduğunu hatırlatmış olur.

Somut, net ve kısa konuşun

Bir çocuğa "uslu ol" dediğimizde ne demek istediğimiz çok muğlak ve belirsizdir çünkü uslu olmanın tanımı herkese göre değişebilir. Bu yüzden çocuğumuza "uslu ol" demek yerine, "şu an komşumuza gidiyoruz, saat şuradan şuraya gelene kadar orada duracağız, bu süre zarfında yanımdan kalkmadan oturmanı istiyorum" demiş olsak ne istediğimizi çocuğumuza doğru ifade etmiş oluruz.

Yine çocuğumuza uzun uzun, "Bak odan yine dağınık kalmış. Ben sana kaç kere odanı böyle bırakma demedim mi? Seni pasaklı seni! Bu oyuncakları çöpe atayım da gör!" diye söylenmek yerine kararlı bir ses tonuyla, "Ali, oyuncaklar sepetin içine! 5 dakikan var, saati kuruyorum" demek çok daha etkilidir.

Dışarı çıkın

Araştırmalara göre, çocuklarımızın gelişimi için en doğru mekânlar doğal hayatın, ağaçların, toprağın, çiçeklerin, hayvanların bol olduğu doğa ortamlarıdır. Böylesi ortamlarda çocuğumuz 'yapma', 'etme', 'elleme' denmeden doyasıya özgür olmanın tadını çıkarır. Mayası toprak ve su olan insanoğlu, suya ve toprağa dokunarak fıtri özelliklerini muhafaza eder, stresten arınır, olumlu duygularını besler. Bu nedenle şehir hayatı içinde de olsak, çocuğumuzu doğayla buluşturmamız, temiz hava için her gün dışarı çıkarmamız çok önemlidir.

Bazen anneler çocuklarının üşüteceğinden ve hasta olacağından endişe ederek sonbahar/kış aylarını eve kapalı geçirmeyi tercih ederler. Oysa yapılan araştırmalar, eve kapalı kalan çocukların daha çok hastalandıklarını ortaya koyar. Mevsime uygun biçimde giydirerek, çocuğumuzun yaz-kış demeden günlük hava alımını sağlamak, gerek evi havalandırarak, gerekse dışarı çıkarak taze oksijenle buluşmasını sağlamak her türlü gelişim alanı için önemlidir.

Dışarı çıkmayı ihmal etmeyelim, çünkü...

- Dış ortam, kapalı ortamlara göre çocuğun gelişimsel alanlarını katbekat fazla uyarır.
- Çocuğumuzdaki stresi ve kaygıyı azaltır.
- Gözlemleme, keşfetme, deneyimleme gibi önemli beceriler sağlar.
- Daha az hasta olmasını sağlar.
- Denge, koordinasyon gibi motor becerileri; arkadaş bulma, oyun kurma, kurallara uyma gibi sosyal becerileri; toplum içinde var olma gibi toplumsal uyum becerilerini geliştirir.

Anlaşma yapın

Çocuğumuzun sevdiği, sürekli yapmak istediği ama onun iyiliği/ gelişimi için kısıtlandırılması gereken konular evlerde ortaya çıkan krizlerin en büyük nedenidir. Bu konularda önceden adı konulmuş anlaşmalar yapmak ve kurallara bağlı kalmak sükûnetli bir ortam için büyük önem taşır.

Mesela çocuklar bilgisayar oyunlarını severler. Bıraksanız belki tüm gün oynamak isterler. Ama bu sağlıklı değildir, bu yüzden de tahdit edilmelidir. Çocuk oyun oynarken, hatta onun için önemli bir anda, annesinin birden belirip, "Yeter artık, kaç saat oldu, bırak şunu elinden yoksa çöpe atarım" gibi tepkisel bir tutum hem çocuğu, hem anneyi yorar. Zira tepki, karşı tepkiyi doğurur. Anne tepkisel yaklaşınca, çocuk da tepkisel bir karşılık verir.

Böyle bir ortamın oluşmasındansa, önceden *–tercihen aile toplantısında–* hangi gün, günde kaç dakika teknoloji izleneceği belirlenmiş olsa ve gün içinde bu kurala uyulması için anne çocuğunu yüreklendirmiş olsa, konu problem olmaktan çıkıp kendi içinde bir rutine oturacaktır.

Burada önemli olan, çocuğumuzun kurallara uyabilmesi için kurallarımızın tutarlı ve devamlı olmasıdır. Örneğin günlük bilgisayar hakkı 30 dakika olan çocuğumuza, bugün misafir var yeter ki ayak altında dolaşmasın diye 2 saat hak veriyor, ertesi gün 30 dakikayı 1 dakika bile geçmeyecek kısıtlamada bulunuyor, başka bir gün kıyamayıp 1 saate çıkarıyorsak çocuğumuz da bu kurala uyum sağlamakta zorluk yaşayacak, hatta uymamak için inatlaşacaktır.

Görmeme hakkınızı kullanın

Biz annelerin temel sıkıntısı, her şeyi görüyor olmamızdır. Her küçük detayı görürüz ve düzeltilmesi için ya kızarız ya da öğüt vermeye başlarız. Oysa çocuklarımızın da kendi alanları ve alanlarının içinde hata yaparak doğruyu öğrenme şansları olmalıdır.

Bu yüzden, bizi rahatsız eden ufak şeyleri görmemek en doğrusudur. Eğer davranış büyük bedeller ödetecek ciddiyette değilse, başka insanlara, canlılara ya da eşyalara zarar vermiyorsa görmeme hakkımızı kullanabilmemiz gerekir. Bu bağlamda oda değiştirerek, başka şeylerle ilgilenerek, konuyu değiştirip başka gündeme geçerek çocuğumuzun olumsuz davranışını yok kabul edebiliriz. Bu tutum hem bizi gereksiz öfkelenmeden korur, hem de çocuğumuzun yanlış davranışını pekiştirmekten ve merceklemekten geri durmuş oluruz.

Aşağılamayın...

Anlatın...

3. Doğru an
ne zaman olmalı?

Çocuğumuza söz geçirebilmemiz için, o sözü ne zaman söylediğimiz de büyük önem taşır. Biz anneler genellikle en etkili nasihatlerimizi kriz anlarında veririz. Büyük bir olay olmuşken, olayın stresi ve gerginliği henüz geçmemişken çocuğumuza eğilir ve "Bu sana ders olsun, bir dahakine şöyle şöyle yap" deriz. Oysa sonrasında öfkelenerek görürüz ki, çocuğumuz o olaydan ders almaz ve dediğimizi yapmaz.

Peki, disiplin için doğru an ne zamandır?

Kriz anında davranışı anlatmayalım, duyguları anlayalım: Bir kriz çıktığında ilk işimiz krizi çözmek ve doğru davranıştan bahsetmek değildir. İlk işimiz çocuğumuzu durdurmak ve sakinleşmesi için ona yardımcı olmaktır. Bunun yolu da duyguları anlamaktan geçer.

Örneğin iki kardeş kavga ettiklerinde, bir de kavga birinin canının acımasıyla bitmişse, anne olarak asla suçlu aramayız ve olayı kim başlattı diye sorgulamayız. Birbirlerine bu kadar öfkelilerken, "hadi sarılıp barışın, siz kardeşsiniz" de demeyiz. Böylesi bir durumda ilk hareketimiz, çocuklarımızı ayrı odalara götürmek, koltuğa oturmasını teklif etmek ve sakinleşmesi için ona alan açmaktır. Bu süreçte kardeşine kızgınlığını ifade etmesi normaldir. Susturmamamız, "Ama o senin kardeşin, düzgün konuş" demeden öfkesini dile getirmesine izin vermemiz gerekir. Sonra ikisi de sakinleştikten sonra çözümler konuşulabilecek hale gelir. Eğer bir ebeveyn olarak süreçten rahatsızlıklarımız varsa onları aktarmamız ise, kardeşler çözümlerini konuşup barış sağladıktan sonradır. Zira öncesinde verilmiş her telkin bir kulaktan girip diğerinden çıkacaktır.

Uyku öncesi ve uyku sonrasının kıymetini bilelim: Çocuklarımızın telkine açık olduğu iki önemli zaman dilimi vardır. Uykuya geçmeden önceki 5 dakika ve uyandıktan sonraki ilk 5 dakika... Bu süreçlerde çocuğumuzu sarıp sarmalamamız, keyifle güne başlayıp günü keyifle uğurlamamız gün içinde ona tesir edebilmemiz için büyük önem taşır. Bu yüzden uykuya geçerken azarlanıp "hadi yatağına git" diye terslenen çocuklar ve sabah kalkarken "Sen daha uyuyor musun, tembel" diye örselenen çocuklar annelerinin sözlerini kulak arkası etmeye ve tepkisel davranışlar göstermeye daha meyyaldir.

Keyifli bir ânı, keyifli öykülere ayıralım: Çocuğumuzla eğlenceli bir oyun oynadık, keyfimiz yerinde, gülüyoruz, mutluyuz. İşte tam böylesi anlar, onlarla yapacağımız 'nasihat' konuşmaları için doğru zamanlardır. Çocuk kendini iyi hissederken, bizimle bağ kurmuşken ve mutluyken cümlelerimiz onun dünyasına bir ilaç gibi şifa olacaktır.

Önce fizyolojik ihtiyaçları karşılayalım: Aynı yetişkinler gibi, çocuklar da açken, uykusuzken, tuvaleti varken, karşılanmamış ihtiyaçları tavan yapmışken nasihate açık olmazlar. Bu yüzden, çocuğa tesir edebilmek için öncelikle fizyolojik ihtiyaçlarını karşılamak gerekir.

ANLATMAYIN...

ANLAYIN...

Bağırmayan anneliği bağırmayan peygamberden öğrenelim

Bağırmayan Anneler Atölyesi'nde bana ilk sorulan soru, "Bağırmayan Anne olmak mümkün mü?" sorusu oluyor. Sanki yeni bir şeymiş, bir ütopyaymış, insanüstü bir beklentiymiş gibi konuya yaklaşılabiliyor. Oysa bağırmadan, kızmadan, vurmadan çocuk eğitimi, pedagojinin bugün keşfettiği bir şey değildir. Efendimiz (sav)'in zaten 1400 yıl önce, yaşayan Kur'an olarak bize modellediği ebeveynlik biçimidir. Bize düşen 'din' kavramını sadece ibadetler (namaz, oruç, zekât) olarak düşünmeyip, hayatı kuşatan rollerimizde de "Peygamberimiz nasıl yapardı?" sorusunu sormaktan geçer çünkü "Peygamberimiz nasıl yapardı?" diye sormak, "Allah (cc) nasıl yapmamı isterdi?" diye sormanın peşine düşmektir.

Bu bağlamda baktığımızda, Efendimiz (as)'ın terbiye edici Nebevî sisteminin ilk adımının *sevgi*den geçtiğini görürüz.

Zira O (sav) sadece çocukları değil, yaratılmış her bir zerreyi Allah adına sevmiş bir muhabbet peygamberidir. Öyle ki, bu sevgi kâinatın her zerresinde Allah diyen kalpleri kuşattığı gibi, kendine taş atıp kovalayan nasipsizleri bile kuşatmıştır.

Taif'te yüzünden kanlar akar haldeyken kendini bu hale sokanlara beddua etmemiş, bilakis, *"Bilmiyorlar... Bilseler yapmazlardı..."* sözüyle kalbindeki bitimsiz sevginin nişanesini yüreklerimize serpiştirmiştir.

Bu yüzdendir ki, *"Muhabbetten Muhammed oldu hâsıl, Muhammed'siz muhabbetten ne hâsıl?"* sözü, Efendimizin (sav) sevgi dolu öğretisini bizlere anlatan bir delil olarak şairin dizelerinden bugüne armağan kalmıştır.

Tabii bu noktada sevgiden ne kast ettiğimiz oldukça mühimdir. Zira her anne-baba çocuğunu sever ama her çocuk sevildiğini hissetmez. Zira bir çocuğu seviyor olmak, onun sevildiğini hissetmesini garanti etmez.

Bu yüzdendir ki Efendimiz (sav), *"Sevdiğinize sevdiğinizi söyleyin"* buyurmuş ve bu sözünün bizatihi yaşayıcısı olmuştur. Medine sokaklarında gezerken çocukların ellerinden tutmuş;

"Sizi çok seviyorum" cümlesini, *"vallahi çok seviyorum"* mührüyle kalplerine emanet bırakmıştır.

Aslında bu gerçek sadece çocuklar için geçerli değildir. Yetişkinlerin sevgi ihtiyacı da bilmekten değil, hissetmekten geçer. Örneğin, bir hanım eşine "beni seviyor musun" diye sorduğunda istediği şey, eşinin, cümleleri ve davranışlarıyla bunu kendine hissettirmesidir. Lakin eşi bu ihtiyacı görmese ve "sevmesem evlenmezdim" diyecek olsa, o zaman hanımının sevgiyi hissetmek ihtiyacını giderememiş olacaktır.

Çocuklar da –aynı yetişkinler gibi– sevilmek istediklerini ifade ederler. Peki, ne olur da her anne-baba çocuğunu sevdiği halde bu sevgiyi ona hissettiremez?

Ebeveynin çocuğunu sevdiği halde ona hissettiremiyor olmasının temel nedenlerinden biri, sevgiyi bir koşulla perdeleme dürtüsüdür. Çocuğu yalnızca odasını topladığında, sınavdan iyi not aldığında, misafirlikte uslu durduğunda, kardeşiyle iyi geçindiğinde sevgi davranışlarında bulunan bir anne çocuğuna şu mesajı verir: *"Sen ancak bu davranışları yaptığında sevilmeyi hak ediyorsun!"*

Oysa ancak koşulsuzca sevildiğine inanan çocuk, kendini ortaya koymaktan, olduğu gibi davranmaktan korkmaz çünkü annesinin sevgisinin, onun çalışkanlığına, usluluğuna, notlarına, becerilerine bağlı olmadığını hisseder ve bu hissedişle birlikte hayatı doyumsayarak deneyimlerini birer birer artırma cesareti gösterir.

Bozar, yapar...

Düşer, kalkar...

Annesinin derin sevgi ortamı içinde deneyimleyerek doğruyu bulmanın özgürlüğünü yaşar.

Tam tersi noktada çocuğu eleştiren, beceriksizliklerine, yapamadıklarına odaklanan bir tutum çocuğu derin bir güvensizlik içine sokar.

Zira yetişkinler dâhil hiçbir insan mükemmel olmadığı gibi, yine hiç kimse yalnızca bir şeyin iyi olduğunu bilerek sürekli onu yapma becerisi gösteremez. Yani diş fırçalamanın iyi olduğunu bilmek onu devamlı yapma becerisi göstereceğimiz anlamına gelmez. Ya da sigaranın sağlığa zararlı olduğu bilgisi, kimilerimizi onu tüketmekten geri koymaz. Nitekim eğer iyiyi bilmek yapmak için yeterli olsaydı, her yetişkinin az yiyip düzenli spor yapması gerekirdi...

Aynı bunun gibi, çocuklar da iyi ve doğru olduğunu bildikleri her şeyi sürekli yapma iradesi gösteremezler. Ödev yapmanın önemini bilmek ödev yapmayı düzenli hale sokmayacağı gibi, birine vurmanın kötü olduğu bilgisi de her zaman vurmanın önündeki engel olmaz. Lakin bizler kendimizin yapamadığı düzeni ve sistemi çoğu zaman çocuklardan bekleme hatasına düşeriz. Bir şeyi bir kere söylememizle hayatı düzene girsin isteriz. Oysa bu, bırakın çocuğu, hiçbir insan için gerçekçi bir beklenti olmayacaktır.

Buradan yola çıkarak denilebilir ki, çocuklar sevgi dolu davranışları hak ettikleri için değil, başka hiçbir şart gerekmeden *'insan'* oldukları için görmelidirler. Hatta uyumlu davranışlar gösterdikleri zaman olduğundan çok daha fazla, uyumsuz, hırçın, agresif davranışlar sergiledeklerinde annelerinin sevgi dolu dokunuşlarıyla terbiye edilmelidirler. Zira hiçbir metot sevginin terbiye ediciliği kadar tesirli değildir ve hiçbir çocuk, içinde olumsuz duygular çoğaltılarak olumluya yönlenme becerisi kazanamaz.

"Peygamber Efendimiz (sav) bir gün mescide doğru ilerlerken, okunan ezan ile dalga geçen çocuklar görür. Yol kenarındaki çocuklara selam vererek yanlarına doğru gider. Çocuklar, Peygamberi gördüklerinde kendilerine ceza vereceği, kızacağı düşüncesiyle korkmuşlardır. Lakin olumsuzdan olumlu yeşermeyeceğini bilen kutlu Nebi, çocukları 'sevgi' ile terbiye etmeyi tercih eder.

Ezanla dalga geçen çocuğa tebessümle bakarak, 'Ne kadar da güzel sesin var' der.

Çocuk, bir peygamberin karşısında kendini muhatap olarak görünce şaşırmıştır. Hem de böylesi bir zatın övgüsüne mazhar olmaktadır. Şaşkınlığını henüz üzerinden atamamış gencin saçlarını okşayan Peygamber (sav) mütebessim bir çehreyle çocuğa sorar:

'Mescitte de bu güzel sesinle ezan okur musun?'

Çocuk şaşkındır. Dalga geçti diye azarlanmamakla kalmayıp, ona büyük bir mükâfat olan müezzinlik makamı teklif edilmektedir. Heyecan ve mahcubiyetle kendine elini uzatan Peygamberin elini tutar ve mescide doğru yol alır. Bu sevgi dolu yaklaşımla öyle bir terbiye olmuştur ki, bir daha ezanla dalga geçmek bir yana, ömrünü ezana, Kur'an'a adayan bir yetişkine dönüşür."

Sevgi temelli çocuk terbiyesinin bu denli etkili olmasının yegâne nedeni, kötü davranışların olumsuz, iyi davranışların olumlu duygulardan doğmasıdır.

Bir insan huzurlu, mutlu, neşeli hissederken kötü davranış göstermez. Aksine, içinde birikmiş öfkeyi, mutsuzluğu, kini, nefreti sağaltmak için kötüye meyleder. Bu yüzden çocuğun içindeki olumlu duyguları harekete geçirmek, kötü davranışın devam etmesine engel olan bir yöntemdir.

Örneğin kardeşine vuran bir çocuğa kızmak, azarlamak, küçük düşürmek bu davranışı çoğu zaman çözmez. Çocuk o an için vurmayı bıraksa da, fırsatını bulduğu ilk an kardeşine tekrar vurmaya çalışır çünkü ilk anda kızgınlık gibi kötü bir duygu sonucu oluşan vurma davranışı, annenin kızmasıyla büyüyerek nefrete, öç almaya, kıskançlığa evrilmiştir. Böylelikle, biriken olumsuz duygular olumsuz davranışları doğurmuş olur.

Oysa bir anne iki kardeşin kavga ettiğini gördüğünde, her birini ayrı ayrı yanına çağırsa ve olumsuz tavrı görmezden gelip, *"Sen harika bir çocuksun. Seni çok seviyorum. Senin iyiliklerle dolu bir kalbin var"* tarzında olumlu telkinlerle onların sevgi kabını dolduracak olsa, içlerinde müspet duygular yeşeren çocuklar kavga etmeyi bırakacak, olumlu davranışa yönelmiş olacaklardır.

Bu aynı, eşinin kendini kötü hissettiği için çocuğuna bağırdığını fark eden bir babanın, hanımına yönelerek, *"Sen harika bir annesin, seni çocuklar da ben de çok seviyoruz"* demesine benzer. Böylesi cümlelerin içine akıttığı sevgi ve mutluluk duygusu annenin stresini azaltacak, yaptığı davranıştan dönmesine vesile olacaktır.

Yine aynı şekilde, çocuk terbiyesinin temeline sevgiyi koymak, annenin de yükünü azaltan bir metottur. Nitekim sevgi ortamı çocuğun defanslarını, direncini, inadını ortadan kaldırır. Sevildiğini hisseden çocuk, annesiyle işbirliği yapmak eğiliminde olur zira kendini savunması için ortada hiçbir sebep yoktur. Aynı pek çoğumuzun en sevdiği ve anladığı dersin, en sevdiğimiz öğretmenin dersi olması gibi, çocuk da sevgi iletişimi kurduğu yetişkinle uyum içinde bir ilişki inşa eder. Eğitim kanallarını açar, öğrenmeye hevesli olur. Öyle ki, çocuğun uyarılması, sınırlarının hatırlatılması, davranışının eğitilmesi anlarında bile kızmaya, bağırmaya, hatta konuşmaya bile ihtiyaç olmayacaktır.

"Bir gün Medine'de hurma toplanmaktadır. Sadaka olarak getirilen hurmalar Fahri Kâinatın (sav) yanında bir harman şeklini almıştır. Göz nurunun nurları Hasan ve Hüseyin, hurmaların yanında oynamaktadırlar. Oyun esnasında Hasan hurmalardan birini alır. Tam ağzına götürecekken, bakışları dedesinin bakışlarına değer. Hemen elindeki hurmayı

bırakır. Zira dedesinin bakışı her zamankinden farklı bir bakıştır. Çocuk, bu bakıştaki anlamı hemen çözer. Yapmaması gereken bir davranış olduğunu fark ederek hurmayı elinden bırakır."

Bakışla eğitim, ancak sevgiyle konuşanların ve sevgiyle bakanların verebileceği bir eğitimdir. Nitekim çocuk, kendisine her zaman sevgiyle bakan bir yetişkinin bakışının değiştiği fark edebilir. Sürekli kızılan, bağırılan, olumsuz bakılan bir çocuk bakışla terbiye olmaz çünkü çocuğun benliği yara almış, hırpalanmıştır. Bu yüzden kendini eğitime kapatır ve tepkiselleşme ya da duyarsızlaşma yoluna gider.

Tabii koşulsuzca sevgi vermek demek, çocuğun her istediğini yapmak demek değildir. Zira hayatta hiç kimse her istediğini yapamaz, yapmamalıdır. Örneğin hiç kimse arabasını istediği gibi süremez. Eğer kazasız bir trafikten bahsetmek istiyorsak, kurallara uyma, sınırlar çizme gereği de beraberinde gelecektir. Başka insanların ihtiyaçlarına önem vermek, özgürlüklerin tahdit edilmesini gerektirir. Bunun sevgiyle bir ilgisi yoktur.

Nitekim çocuğun her istediğini yapmaya çalışmak, onun duyusal direnç kazanmasını ve güçlenmesini engelleyebilir çünkü hayat güllük gülistanlık bir yer değildir. Çocuğun olumlu duyguları çoğaltmayı öğrenmek gibi, olumsuz duygularla baş etmeyi de öğrenmesi gerekir. Bunun yolu da sınırlar çizen ebeveyninin desteğiyle, yaşadığı hayal kırıklıkları ve mutsuzluklardan çıkaracağı derslerle mümkün olacaktır.

Oysa pek çok anne-baba çocuğu hayatta hiç yara almasın, hiç üzülmesin diye *'fanus'* ebeveynlik yapar. Çocuğunu korumak adına alanını daraltır ve hayatı deneyimlemesine müsaade etmez. Tabii böyle bir yaklaşım çocuğun iyiliğinden çok kötülüğüne neden olur. Zira olumsuz duygularla ve durumlarla baş edebilme becerisi çocukken kazanılması gereken önemli hasletlerdendir.

İşte bu yüzden kutlu Nebi (sav), çocukları hayatın içinde tutmuş, kötü olayları yok saymayıp, bilakis çocuğun baş edebilmesi için desteğini ortaya koymuştur. "İğne hiç acıtmayacak" sahteciliğindense, "Acıyacak ama ben yanında olacağım" sahiciliğini çocuklarla iletişiminin şiarı kılmıştır. Ölüm gibi ağır travma oluşturabilecek durumlarda dahi yalana, gizlemeye, rol yapmaya baş vurmadan, çocuğun hissettiği duyguların ortağı olmuştur.

"Peygamberimiz (sav)'in evlatlığı Hz. Zeyd, Mute Savaşı'nda şehit olur. Zeyd'in şehadet haberi Medine'ye ulaştığında, kutlu Nebi Zeyd'in evine gider. Manzara hazindir... Zeyd'in küçük kızı hıçkırıklarla ağlamaktadır. Bu manzara, gönlünde şefkat çağlayanları akan Nebi'yi duygulandırır. Küçük kız, Peygamberimizi görünce ona doğru koşar ve daha çok ağlamaya başlar. Peygamberimiz (sav) küçük kızı kucağına alır. Rahmet yansıması gözlerinden yaşlar akmaya başlar. Küçük kız ağlar, Peygamber ağlar...

Manzarayı görenler hayretle sorarlar:

'Ey Allah'ın Resulü bu hal nedir?'

Peygamberimiz (sav) cevap verir:

'Bu, sevenin sevgilisini özleyişidir.' "

Çocuğumuzun sevgiyi hissedememesinin bir diğer sebebi ise, çok seversek şımaracağı düşüncesidir. Oysa bir duygu durumu olarak sevgi, çocuğu şımartmaz. Lakin sevginin göstergesi olarak çocuğa sunulan sınırsızlık çocuğu şımartır. Aradaki ince çizgi duygu değil, davranış boyutundadır. Bu yüzden gerçek sevgi, çocuğumuzun hoşuna gitmese de onun için doğru olan şeyler hususunda yol göstermek ve ona zarar verebilecek noktalarda *'hayır'* diyebilmektir çünkü çocuğu sevmek demek, her daim sevineceği davranışları yapmak demek değildir.

Günümüzde çocukların mutlu olmak için daha fazla 'maddi' şeyler istemeleri, onlara sevgiyi 'fiziksel nesnelerle' gösteriyor olmamızın trajik bir sonucudur. Duygusal anlamda kabını dolduramadığımız çocukları şekerle, çikolatayla, oyuncakla mutlu etmeye çalışmaksa, ebeveynlerin yaptığı temel yanlışlardan biridir.

Bu noktada çocuğun sevgiyi nasıl hissedeceğini bilmek önemli bir ebeveynlik becerisidir. Efendimizin (sav) çocuğu kuşatan sevgi iletişim kanallarına baktığımızda ise, ilk karşımıza çıkan yöntem **oyun dilidir.** Peygamberimiz (sav) her ortamda çocukların oyununu önemseyen, eşlik eden, oyuna teşvik eden bir yetişkindir. Zira oyunun çocuğun dili olduğunu bilmeyen bir yetişkinin çocukla aynı frekansta olabilmesi pek mümkün değildir.

Nitekim çocuğun sevgi kabını doldurmanın en güçlü yollarından biri onunla aktif oyun oynamaktır. Lakin çocukların oynamak için can attıkları oyunlar, çoğu zaman yetişkinlerin oynamayı tercih etmedikleridir. Kaçıp kovalamaca, saklambaç, at olma, sırtta taşıma, güreşme gibi fiziksel oyunlar duygusal olarak çocuğu ebeveynine bağlayan ve iletişimi güçlendiren oyunlardır. Bu yüzdendir ki, Efendimizin (sav) hayat sayfasında deve olup çocukları sırtına bindirdiği, onlarla kovalamaca oynadığı oyunların sayısı oldukça fazla görülmektedir.

"Hasan ve Hüseyin bir gün oynamaktadır. Kutlu dedeleri, torunlarının oyununa katılır. Dede torun koşturmaca oyunu devam ederken, Peygamberimiz (sav) Hasan'ının tarafını tutar, 'Haydi Hasan göreyim seni' teşvikinde bulunur.

Bu durumu gören Hz. Ali şaşırır. Zira küçük olan Hüseyin'dir. Onun tarafının tutulması gerektiğini düşünerek, amcaoğluna (sav) neden Hasan'ı tuttuğunu sorar. Gül kokulu Nebi tebessüm ederek cevap verir:

'Görmez misin Ya Ali, Cebrail de Hüseyin'i tutuyor. 'Ha gayret Hüseyin, göreyim seni' diyor.' "

Bu menkıbe bizlere gösterir ki, çocuğun oyunu peygamberlerin ve meleklerin eşlik ettiği önemli bir eğitim alanıdır. Nasıl ki eğitim ism-i Rab esma-ı ilahiyesinin bir yansımasıysa, çocuk dünyasında bu yansımanın yegâne aynası da oyun oynama eylemidir. Bu nedenle meleklerin bile eşlik ettiği bu ilahi halkanın bir parçası olabilmek için, her ebeveynin çocuğunun oyununa dâhil olması gerekir.

Oysa pek çoğumuz çocuk oyun oynamak için yanımıza geldiğinde, kendimizce önemli bir işi bırakmamak adına, çocuğumuza *'sonra'* vaadinde bulunur. Lakin oyunu ertelemek, çocuk için yemeği, uykuyu ertelemeye benzer. Hele hele *"bugün değil, hafta sonu yapalım"* gibi bir cümle sarf etmek, çocuk için *"hafta sonuna kadar yemek yeme"* demekle eşdeğer bir etki oluşturur.

Nitekim oyunun yeri, zamanı ve mekânı yoktur. Çocuğun duygu dünyasını doldurmaya ihtiyaç duyduğu, fiziksel becerilerini geliştirme dürtüsüyle harekete geçtiği an ne zamansa, oyun zamanı da tam o zamandır.

Bu gerçeği bilen gül kokulu Peygamberin çocuklarla çocuklaştığı, oyunu zaman ve mekânların üzerinde kıldığı anlar ise, her birimiz için ebeveynlik dersi olacak vasıftadır.

"Bir gün Peygamberimiz (sav) namaz kılmakta, ashab-ı güzin efendilerimize imamlık yapmaktadır. Lakin bir terslik vardır, zira secde normalden çok uzun sürmüştür. Sahabeler merak etmeye başlarlar. Acaba vahiy mi gelmiştir ya da kutlu Nebi'ye bir şey mi olmuştur?

Sahabelerden Şeddad bin Had'dı da endişeyle bekleyenler arasındadır. Peygamberimize bir şey olmasından korkmaktadır. En sonunda merakına yenik düşer ve dayanamayarak başını kaldırıp bakar. Gördüğü sahne onu çok şaşırtır. Zira Hasan ve Hüseyin dedelerinin sırtında oyun oynamaktadır. Bu yüzden müşfik dede secdeden kalkmamaktadır. Çocuklar iner, Peygamber namazı bitirir...

Şeddad gibi durumu merak eden, şaşkınlıkla yüzüne bakan ashabına şu cümlelerle mukabele eder:

'Oğullarım sırtıma binmişti. Acele edip oyunlarını bozmak istemedim.' "

Namazı hayatının önceliği kılan, ayakları su toplayana dek kıyamdan ayrılmayan, secdelerini gözyaşlarıyla sulayan bir Nebi'nin, çocuklarının oyununu bozmamak adına secdesini uzatması, hem de bunu yalnızken değil imamken yapması oyunun ne denli önemli bir anlamının olduğunu bizlere göstermektedir.

"Yine başka bir gün, Peygamberimiz (sav) torunu Ümame omzunda olduğu halde namaz kıldırmak için mescide gelir. Sahabeler, kutlu dedenin torununu omzundan indirmesini beklemektedirler. Fakat bu bekleyiş boşa çıkar. Zira gül kokulu peygamber, torunu omzundayken mihraba geçer. Herkes şaşkınlıkla izlemeye devam etmektedir. Acaba küçük kızı omzundan ne zaman indirecektir?

Namaza başlama vakti geldiğinde şaşkınlık bir kat daha artar. Zira şefkatli peygamber, torunu omzundayken namazı kıldırmaya başlar. Secdeye gittiğinde torununu indirip, kalkarken tekrar omzuna alarak namazını tamamlar."

Sevgili (sav), en sevgilinin (cc) huzuruna, sevgilisi çocuklarla çıkar. Böylelikle namazı oyunun bittiği, sıkıcı, susulan, kızılan kötü bir duygu kodlamasıyla değil, aksine dedenin omzunda devam edilen bir oyun muştusuyla çocukların zihnine emanet eder. Pek çok yetişkinin, huşu duyamadığını iddia ederek namaz kılarken çocuğunu yanından uzaklaştırdığı, yanında ağlattığı, azarladığı bir din algısına karşı duruşunu, bu davranışıyla gösterir.

Oyunu çocuk dünyasında öyle saygın bir yere koyar ki, oyunu bozmamak için namazı uzatan ya da kısaltan bir peygamber resmi çizer. Bu yüzdendir ki, kimsenin elleyemediği peygamberlik mührüyle çocukların oynamasına izin verir. Çocuk oyununu yetişkin dünyasının olmasını istediği şekliyle değil, çocukların ihtiyacı olan şekliyle hayatına alır.

"Sahabelerden biri, bir gece Allah Resulünün evine gider. Peygamberimizi görünce şaşırır ve çok üzülür. Zira Resulullahın karnında bir şişlik vardır. Sahabe efendimiz, peygamberimizin bir rahatsızlığı olduğunu düşünerek hüzünlenir. Lakin çok geçmeden Allah Resulünün karnında kıpırtılar olduğunu fark eder. Elbisenin altında bir şeyler hareket etmektedir. Sahabenin merakı ve üzüntüsü iyice artar. Gözlerini kırpmadan Peygambere bakmakta, karnındakinin ne olduğunu anlamaya çalışmaktadır.

Sahabe endişeli bakışlarla beklerken, kutlu dedenin elbisesinin önü açılır. İçinden, 'reyhanlarım' dediği torunları çıkar.

Sahabe rahatlar ama böylesi bir muhabbetin karşısında şaşkınlıkları da artmıştır.

Peygamberimiz, torunlarını kucağına oturtarak sahabe efendilerimize döner, 'Bunlar benim reyhanlarım, bunlar benim oğullarım, kızlarımın oğulları...' der.

Sonra ellerini açıp sevgisine yaratanı şahit kılar:

'Ey Rabbim! Ben onları seviyorum. Senin de onları ve onları sevenleri sevmeni diliyorum.'"

Efendimiz (as)'ın terbiye edici Nebevî sisteminin ikinci adımı *ilgidir.* İlgi, çocuğun farkında olmak demektir.

Çocuk için önemli olanın önemini fark edip, çocuğu önemsemektir. Pek çok yetişkin kendi için önemli olan üzerinden çocuğuyla iletişim kurar. *"Ödevini yaptın mı, odanı topladın mı, beni seviyor musun"* tarzı cümleler bizlerin önemsedikleridir. Pek az ebeveyn çocuğuna *"bugün oyunların nasıl geçti ya da bugün seni üzen bir şey oldu mu"* diye sormayı akıl eder. Oysa her çocuğun kendi kalbini çarptıran konularla ilgili yetişkinlerle konuşmaya, paylaşımda bulunmaya, sohbet etmeye ve vakit geçirmeye ihtiyacı vardır.

Bu noktada denebilir ki, ilgi, ilgilenilenin ilgi alanına dâhil olmak, onunla aynı frekansta bulunmak demektir. Bu yüzden, Efendimiz (sav), *"Çocuğu yetişkin haline getirin"* değil, *"Çocuklarınızla çocuklaşın"* demiştir.

Peygamberimizin (sav) çocuklarla oyunu ve onlara muhabbeti görenleri şaşırtacak cinstendir. Ebu Hureyre de bu şaşıranlardan biridir. Bir gün Peygamberin (sav) çocuklarla oyununu şöyle anlatır:

"Bu gözlerimle gördüm ve şu kulaklarımla işittim. Elleriyle Hz. Hüseyin'in ellerinden yakaladı. Ayaklarını kendi ayakları üzerine koyup 'çık' dedi. Çocuk çıkmaya başladı. Öyle ki, ayaklarıyla, Allah Resulünün mübarek göğsüne kadar tırmanmıştı.

Sonra Peygamberimiz (sav) çocuğu öptü ve 'Allah'ım, sen bunu sev, zira ben onu seviyorum' dedi.

Daha sonra da çocuğun ellerini tutup, ayaklarını ayakları üzerine koyup sallayarak tekerleme söylemeye başladı:

'Zayıfcık, zayıfcık, haydi çık gözü küçük...' "

Hz. Peygamberin (sav) çocuklarla oyununu gören başka bir sahabe de Sa'd bin Ebi Vakkas'tır. Kutlu sahabe gördüğü bir sahneyi şöyle anlatır:

"Bir gün Rasulullahın huzuruna girmiştim. Karnı üzerinde Hasan ve Hüseyin'i oynatırken buldum. Hz. Hasan dedesinin mübarek sakalına parmaklarını sokuyor, oynuyordu."

Oyuncaklar da –aynı oyun gibi– çocuk dünyasının ayrılmaz birer parçasıdır. Pek çok yetişkin çocuklarla ilgilenirken, onların oyuncaklarını görmezden gelip fark etmeme yanılgısına düşer. Oysa çocuğun oyuncağını fark etmek, ilgi göstermek, değer vermek, çocuğun dünyasını fark etmek ve ona değer vermektir.

"Hz. Aişe bebekleriyle oynarken, Fahri Kâinat efendimiz yanına gelir. Hz. Aişe henüz çocuktur. Ona yönelen ilgi, çocuk dünyasını kuşatacak bir dille olmalıdır. Bunu bilen, ilgisini muhatabının yaşına göre gösteren kutlu Nebi oyuncak atı göstererek Hz. Aişe'ye sorar:

'Bu nedir?'

Aişe cevap verir:

'Attır.'

Peygamber tekrar sorar:

'Atın kanatları olur mu?'

Küçük Aişe gülümseyerek, bilgiç bir eda ile cevap verir:

'Nasıl olmazmış! Süleyman Peygamberin atının kanadı yok muymuş?'

Gül kokulu Nebi, Aişe'nin bu cevabına gülümseyerek mukabele eder."

Ama ne yazık ki 'kullan-at' kültürünün yorduğu oyuncak-çocuk bağı, yerini haz ve tüketim merkezli bir insan ilişkisine bırakmıştır. "Ben görmedim çocuğum görsün" dürtüsüne esir olan pek çok ebeveyn, çocuğunun eşyayla kurması gereken bağı zayıflatmakta, birbiri ardına aldığı oyuncaklarla ona haz odaklı bir hayatın kapısını aralamaktadır.

Oysa çocuk, oyuncaklarının çokluğuyla değil, duygu dünyasının zenginliğiyle mutlu olur. Zira hissedebilen bir çocuk için taş da, ağaç da, kuş da, böcek de birer oyuncak hükmündedir. Tabii duyarlı bir çocuk yetiştirmenin yolu sevgiden geçtiği kadar, saygı dolu bir iletişimle mümkün olabilmektedir.

Nitekim Efendimiz (as)'ın terbiye edici Nebevî sisteminin üçüncü adımı **saygıdır.**

Haysiyet, yetişkin olduğumuzda kazandığımız bir şey değildir. Hepimiz insanlık onuru, *yani haysiyet* sahibi olarak dünyaya geliriz.

Saygı dediğimiz kavram ise, muhatabımızın haysiyetini kırmayacak davranışlarda bulunmak demektir. Yani çocuğa saygı duymak demek, çocuğun onurunu zedelemeyen bir ilişki ağı inşa etmektir. Bu o kadar önemlidir ki, anne-çocuk arasında yeşillenebilecek muhabbet ancak saygın bir iletişimle mümkün olabilir. Nitekim saygısızlık incitir. İncinme ise, ebeveyn-çocuk diyaloğunun zayıflamasına, hatta kopmasına neden olur.

Modern pedagoji, ortaya çıktığı dönemin ilk çeyreğinde çocuğu 'eksik' vatandaşlar, ikinci sınıf insanlar olarak görmekteydi. Hatta 1900'lü yılların başına kadar Batı'da 'çocuk' diye bir kavram yok sayılmaktaydı. İnsanlar, kadınlar ve erkekler olarak ikiye ayrılırken, çocuğun ayrı ihtiyaçları, duyguları ve ayrı bir dili olduğu bilinmemekteydi.

Bu yüzden pek çok ebeveyn "çocuğu gör ama işitme" yaklaşımıyla, çocuğunu geçiştiren, adamdan saymayan bir anne-babalık modeliyle yetiştiler. Çocuğu baskılamayı, sindirmeyi, kandırmayı ebeveynliğin gereği gören akımın tortularını rehber edindiler. Bu da ebeveyn-çocuk iletişiminin saygınlıktan uzak bir şekilde yol almasına neden oldu. Hatta pek çoğumuz çocuğumuza söylediğimiz cümlelerin ne kadar saygın olup olmadığını fark etmedik bile...

Bu bağlamda bakıldığında, çocuğu lütfen ve teşekkür ederim demek için baskılamak, özür dilemesi için ısrarcı olmak, içinden gelmediği halde yetişkinleri öpmeye, kucağına gitmeye, sarılmaya zorlamak, oyuncaklarını paylaşmadığında kızmak, zorla elinden almak, ona ait olan şeyleri onun izni olmadan kullanmak, dağıtmak, paylaşmak, bir şey isterken emirler yağdırmak, sanki orada yokmuş gibi onun hakkında başkasıyla konuşmak, çocuğun yanında çocuktan dert yanmak... gibi pek çok ebeveyn tutumu saygınlıktan çok uzak bir yerdedir.

İşte bu yüzden, Fahri Kâinat (sav) çocuklarla kurduğu iletişime saygı çerçevesi çizer. Bir yetişkine nasıl saygın davranıyorsa, çocuğa da aynı saygın ölçülerle muamele eder. Bunun en güzel örneklerinden biri, ikramında bile çocuk kalbini önceleyen inceliğinde gizlidir.

"İbn-i Abbas küçük bir çocuktur. Bir gün bir mecliste Peygamberimizin (sav) yanına oturur. Aradan biraz zaman geçer ve Allah Resulüne

bir ikram gelir. Sıcak Medine güneşinin kavurduğu kursaklara soğuk süt ikram edilmektedir. Peygamber (sav), âdeti üzere bu ikramı hazirûn ile paylaşmak ister. İkrama sağ taraftan başlayacaktır. Efendimizin (sav) sağında, küçük bir çocuk olan İbn-i Abbas oturmaktadır. Lakin sol tarafında da yaşlı bir zat vardır. Gül kokulu Nebi, İbn-i Abbas'a sorar:

'Sen sağ tarafta olduğun için sütü ilk içme hakkı senin. Ne dersin, istersen sol taraftaki yaşlıdan başlayalım?'

İbn-i Abbas akıllı bir çocuktur. Peygamber eliyle gelen ikramın önemini bilmektedir. Bu yüzden geri çevirmek, hakkını kaçırmak istememektedir. Mütebessim bir çehreyle Resulullaha döner:

'Hayır, senden kazanacağım hayır ve bereketi kimselere bağışlamam!'

Peygamberimiz (sav) bu cevap karşısında kızmaz, çocuğu aksi davranışa zorlamaz ya da ikna etmeye çalışmaz. Aksine gülümser ve sütü küçük Abbas'a uzatır."

Büyük bir insan gibi hakkını saydığı, varlığını saygıyla kabul ettiği ve sorduğu soruyu geçiştirmek için değil, fikrini almak için sorduğu, iznini istediği küçük çocuğun verdiği cevabı karar sayarak ikramına devam eder. Böylesi bir saygınlık ithafı da, küçük İbn-i Abbas'ı yıldızlaşan bir sahabeye dönüştürür.

Efendimizin (sav) çocuklarla kurduğu saygın iletişim ve onlara atfettiği değer yalnızca ikram ve oyunla sınırlı değildir. Namaz gibi *'gözümün nuru'* dediği bir ibadeti bile, çocuğun saygınlığına bir ödül olarak resmetmektedir.

"Amr bin Seleme küçük bir çocuktur. Yaşı küçük olsa da, kalbi yaşından büyük bir aşkla Peygamber'le doludur. Bu aşk onu Kur'an'la buluşturmuş, küçücük yaşında Kur'an'ı öğrenme telaşına düşürmüştür. Küçük Amr'ın kavmi bir anlaşma yapmak için Peygamberin yurduna gelir. Tabii bu kervanda Amr da vardır. Zira öylesine yüreği yanmaktadır ki, muhakkak Allah Resulünü görmeyi arzulamaktadır.

Kavim, gül kokulu Peygamberin huzuruna gelir. Amr'ın kalbi heyecan içinde, yerinden çıkarcasına çarpmaktadır. Efendisinin (sav) yüzüne bakmaya, sesini duymaya doyamamaktadır.

Peygamberimiz (sav) Amr'ın kavmi ile görüşür. Görüşmede kavme bir imam seçme gereği doğar. İmam seçmede ölçü ise, Kur'an'ı en iyi bileni seçmektir.

Peygamber efendimiz (sav) Kur'an'ı en iyi bilen olarak Amr'ı seçer ve küçük çocuğu kavmine imam tayin eder.

Amr, Efendisinin (sav) tayin ettiği imam olduğunda 8 yaşındadır."

Peygamberlerin hayatı, ruhun azizliği ve saygınlığını nazara veren böylesi onlarca örnekle doludur. Yaş alanın ruh değil beden olduğu gerçeği küçücük bir bebeğin ruhunun bile en az bir yetişkininki kadar saygı ve itibarı hak ettiğinin delilidir.

İşte bu yüzden, Efendimiz (sav) çocukları terbiye eden Nebevî öğretisini sevgi ve saygı üzerine inşa ederken bu kavramları ilgi, oyun, yakınlık gibi davranışlarla desteklemeyi ihmal etmemiştir. Böylelikle sadece kendi zamanına değil, asırlara mihmandarlık edecek bir terbiye metodunun muallimi olmuştur.

OLUMSUZU GÖRMEYİN...

OLUMLUYU FARK EDİN...

Son söz(leşme)

Kitap boyunca hem kendi hayatımın duraklarından, hem de anneler olarak yaşadığımız benzer tümseklerden, dikenli yollardan, yokuşlardan bahsetmeye ve çözüm önerileri getirmeye çalıştım.

Yüreğinize 'Bağırmayan Anne' olmak bir durağın değil, bir yolun duasıdır diye fısıldadım. Bu yolun yolcusu olmaya niyet etmek bile, inanıyorum ki, çocuklarımızla aramızda pek çok şeyi değiştirecek ve güzelleştirecek. Bu nedenle son sayfayı tatlı bir sürpriz olarak sizlere armağan ediyorum.

Öncelikle, son sayfadaki 'kare kodu' telefonunuza okutarak, çıkan videoyu izleyebilirsiniz. Size söyleyeceklerim var. ☺

Sonra da 'Bağırmayan Anne' olma niyetiniz hep karşınızda olsun diye, 'Bağırmayan Anne' belgenizi kitaptan çıkarıp, göreceğiniz bir yere koyabilirsiniz.

Çünkü siz çocuğu için iyiyi, güzeli, mutluluğu isteyen ve sadece bunu istemekle kalmayıp gerçeğe dönüşmesi adına gayret gösteren çok iyi bir annesiniz.

Yüreğinizdeki sevginin, zihninizdeki bilginin, davranışlarınızdaki merhametin artarak ömrünüze yayılması ve evladınızı sarıp sarmalaması dualarımla...

Hatice Kübra Tongar

O zaman gelin hep birlikte;
Niyet Ettik Niyet Eyledik
Bağırmayan Anneliğe...

BAĞIRMAYAN ANNELER

BELGESİ

Kıymetli anne

....

Bu belgeyi 'Bağırmayan Anne' olmaya niyet ettiği için almaya hak kazanmıştır.

Tarih   Yazar

Nisan 2017 - ∞   *Hatice Kübra Tongar*

Bu 'kare kodu' telefonunuza okutarak,
çıkan videoyu izleyebilirsiniz.
Size söyleyeceklerim var ☺